揭秘世界财富

稻盛和夫
干法和活法

启 文 编著

山东画报出版社

图书在版编目（CIP）数据

稻盛和夫：干法和活法 / 启文编著 . -- 济南：
山东画报出版社 , 2020.6
（揭秘世界财富）
ISBN 978-7-5474-3512-0

Ⅰ . ①稻… Ⅱ . ①启… Ⅲ . ①稻盛和夫（Kazuo,
Inamori 1932-）—企业管理—经验 Ⅳ . ① F279.313.3

中国版本图书馆 CIP 数据核字（2020）第 092606 号

稻盛和夫：干法和活法
DAOSHENGHEFU：GANFA HE HUOFA
（揭秘世界财富）
（JIEMI SHIJIE CAIFU）
启　文 编著

责任编辑　李　慧
装帧设计　青蓝工作室

主管单位　山东出版传媒股份有限公司
出版发行　山东画报出版社
　　社　　　址　济南市市中区英雄山路 189 号 B 座　邮编 250002
　　电　　　话　总编室（0531）82098472
　　　　　　　　市场部（0531）82098479　82098476（传真）
　　网　　　址　http://www.hbcbs.com.cn
　　电子信箱　hbcb@sdpress.com.cn
印　　刷　北京一鑫印务有限责任公司
规　　格　870 毫米 × 1220 毫米　1/32
　　　　　　6 印张　152 千字
版　　次　2020 年 6 月第 1 版
印　　次　2020 年 6 月第 1 次印刷
书　　号　ISBN 978-7-5474-3512-0
定　　价　178.80 元（全 6 册）

前　言

"吾等定此血盟：不为私利私欲，但求团结一致，为社会、为世人成就事业。特此聚合诸位同志，血印为誓。"

这段话，是 1959 年稻盛和夫先生在创业之初，与弟兄们共同立下的誓言，现今他已成为世界上唯一一位缔造了两个世界 500 强企业的人。这样一段誓言，令读到的人无不热血沸腾，他的成就更是令人由衷地敬仰。

为何他能在商场上屡创奇迹？源于他独特的商业伦理观——把员工的发展放在首位，也就是把造就自主的、追求卓越的"整体人"（员工与企业合为一体）放在了首位。这是稻盛和夫最大的秘密。

在实际经营中，稻盛和夫始终慎言笃行，不刻意抬高价格或是采取恶性竞争手段，本着"为社会、为世人成就事业"的目标行事。更重要的是，他坚信"人才能发挥出巨大的潜能，只要能将拥有朴素、开朗的心的人才齐聚一堂，让大家团结一致，就一定能够成就大的事业"。在数次金融危机中，稻盛和夫坚持不裁减包括钟点工在内的任何一名员工，因为他坚持"公司永远都是保障员工生活的地方"的经营原则，更把企业与员工、工作与人生很好地结合在了一起。

当今社会，仍然有很多企业家做着一夜暴富的美梦，急功近利的人们对道义与人性的蜕化视而不见。稻盛和夫则像一位循循善诱的老师，向人们诠释积极工作对人生成就的巨大推动作用。他以"敬天爱人"的商业哲学筑起一座精神山脉，用甘露般的关爱滋润着每位员工。

改变自己，主动去学习稻盛和夫先生优秀的工作理念和人生态度，这些优秀的思想将对我们的人生产生正向的意义。没有人会阻拦你成为一名优秀的职场人，也不会有人能阻止你成为一个优秀的创业者和企业家。

稻盛和夫不仅是企业家，还是一个哲学家，学习他，每个人都会有收获和启迪。本书采撷了稻盛先生培养员工的核心思想，涵盖工作真正的意义、在工作上的做法和心得、如何在工作中取得成绩、塑造高尚的人格等方面内容。"自燃型人""精神胜利法""敬天爱人"，这些原汁原味的稻盛精神，是他不可动摇的"信念"，也是被诸多实践证明了的杰出"工作哲学"，为身在职场的读者点燃指路明灯，同时对企业管理者也有一定的借鉴意义。

本书很大程度上区别于普通的员工教育丛书，更像是关起门来传经授义的塾堂，让你轻松得到"经营之圣，人生之师"的真传，获得职业伦理和个人素质的双项提升！

目 录

第一章
欢喜隐藏在拼命工作背后

　　专心致志于一行一业，不腻烦、不焦躁，埋头苦干，你的人生就会开出美丽的花，结出丰硕的果实。

正面思维的本质是激发创造性和价值

稻盛之"道"

稻盛和夫认为，思维的正与负是人生成与败的分水岭。有了正面思维，负面思维就没有了立足之地。正面思维是负面思维的天敌，克制负面思维，用正面思维来置换负面思维，是事业成功和自我实现的唯一途径。

稻盛先生在北京大学的演讲"经营为什么需要哲学"中提出："人生和事业的成功需要保持正确的思维方式，充满热情，提升能力，持有正面的思维方式显得极其重要，因为有了正面的思维方式，才会有幸福的人生。一切文明成果都是正面思维的结果，正面思维的本质就是发挥人的主观能动性，挖掘潜力，体现人的创造性和价值，它帮助人们从认知上改变命运，每个人都应该学会用正面思维来管理自己。"

稻盛先生列举了许多正面思维方式的表现：积极向上，具有建设性；善于与人合作，有协调性；性格开朗，对事物持肯定态度；充满善意；能同情他人、宽厚待人；
诚实、正直；谦虚谨慎；勤奋努力；不自私，戒贪欲；
有感恩心，懂得知足；能克制自己的欲望；等等。

稻盛先生指出，人生很多的失败，往往是因为"思维方式"
变成负值，这类负面的"思维方式"如果不改正，不管你有多少
财富，你都不可能有幸福的人生。要度过幸福的人生，要把工作
做到最好、事业做到最大，就无论如何必须具备正确的、正面的
"思维方式"。

员工之"行"

思维方式对人们的言行有决定性的作用。在职场中，员工持
有正面思维有利于在处理事情时以积极、主动、乐观的态度去思
考和行动，促使事物朝有利于自己的方向转化。正面思维使员工
在逆境中更加坚强，在顺境中脱颖而出，变不利为有利，从优秀
到卓越。

两个人被关在同一间监狱里，在一个晴朗的夜晚，他们同时
向窗外望去。快乐的人抬起头：啊，好美的星空，我出去后一定
要好好享受这样的美景；苦恼的人低下头：怎么又是黑漆漆的
泥土！

不同的人在同样的环境中对待同样的事物，却有着截然相反
的想法，这是他们对待事物的态度和思维方式不同造成的差异。

正面思维是人生路上的一盏指航灯，在这个过程中要秉持积
极向上、具有建设性，善于与人合作、有协调性，性格开朗、对

事物持肯定态度的思维，正面面对自己的工作，把工作做得更出色，正面面对自己的生活，把日子过得更充实。如果能做到这些，我们的职场生涯无论是轰轰烈烈还是平平淡淡，一定会硕果累累，一定会幸福美满。

再伟大的事业也是每一瞬间持续的累积

稻盛之"道"

稻盛先生指出：持续就是力量，抓紧"今天"这一天，认真地过日子。假如每天都努力工作，并设法改善一些事情，或许就能预见明日的光景。一天天累积起来的就已非常可观，5年、10年后的成就必然会辉煌。

多年以前，在京瓷滋贺县的工厂里，有一个工人，他初中学历，但做事认真踏实。只要是上司布置的工作，他便不厌其烦地认真完成。在工厂里他毫不显眼，一直默默无闻，但从无牢骚，也从无怨言，兢兢业业，孜孜不倦，努力地做好每天的工作，持续从事着单纯而枯燥的工作。

20年后，当稻盛和夫与这个工人再次见面时，他大吃一惊，那么默默无闻、只是踏踏实实从事单纯枯燥工作的人，居然当上了事业部长。令稻盛惊奇的不仅是他的职位，而且言谈中可以体会到，他已经是一个颇有人格魅力且很有见识的优秀的领导。

"取得今天这样的成就，你很棒！"稻盛和夫由衷地赞赏他。

这位工人之所以能成功，是因为他懂得持续的力量，能将"平凡"变为"非凡"，在每一天的积累的基础上，逐步走上了成功之路。

作为一名企业经营者，稻盛和夫雇用过各种各样的人才，其中不乏聪明伶俐的人。这种人头脑敏捷，对工作要点领会很快，是所谓才华横溢的人物。同时，他的公司也招聘了一些"笨人"，他们反应迟钝，理解事情缓慢，可取之处只是忠厚老实。起初，稻盛认为经营者看重、赏识的人才当然是前者而不是后者。如果企业不得已要辞退职工，首先遭殃的肯定是后者而不会是前者。他曾认为，前者当中特别能干的人，"将来在公司里可以委以重任"。

现实情况恰恰相反，在多年的商路历程中，他体会到，那些头脑灵活、思维敏捷的人才，正因为他们聪明，成长很快，或许就会认为眼前的工作太平凡，待在公司里大材小用了，于是不久就会辞职离去。所以，最终留在公司里的、有用的，恰是那些最初不被看好，那些"头脑迟钝"的人们，他们做起事来不知疲倦，孜孜以求，10年、20年、30年，像尺蠖虫一样一寸一寸地前进，刻苦勤奋，一心一意，诚实地、认真地、专业地努力工作。稻盛和夫为自己曾经的"短见"感到羞愧。

稻盛先生亲历的这件事充分说明了一个道理：专心致志于一

行一业，不腻烦、不焦躁，埋头苦干，你的人生就会开出美丽的花，结出丰硕的果实。

员工之"行"

所谓人生，归根到底，就是"一瞬间、一瞬间持续的累积"，如此而已。每一秒钟的累积成为今天这一天；每一天的累积成为一周、一月、一年，乃至人的一生。细数那些成功人士的成功经历，他们的"伟大的事业"也是"朴实、枯燥工作"的累积，他们创造出的让人惊奇的伟业，实际上，几乎都是极为普通的人兢兢业业、一步一步持续累积的结果。

因此，员工们与其为明天而烦躁，汲汲营营计划未来，不如把力量放在充实每一个今天，把握每一天的工作，过好每一天，这才是让梦想成真的最佳方法。

在激烈的竞争中，就算你想在短时间内克敌制胜，也别忘了明天不可能跨越今天而直接到来，别妄想一步登天，行走千里也得从跨出第一步开始，无论多么远大的梦想，也要靠一步接着一步、一天一天的累积，才可能成就。

付出不亚于任何人的努力

稻盛之"道"

稻盛和夫经常问员工："你是否在竭尽全力地工作？"回答通常是："是的，我在努力工作。"但他对这样的回答并不满意，他常常会接着问，"你是否付出了不亚于任何人的努力？""你的工作方法是否不亚于任何人？"稻盛坚信，每天坚持认真地、不遗余力地工作，应该是做人最基本的、必要的条件。"付出不亚于任何人的努力"成了他的一句口头禅。

初创京瓷之际，资金、技术、设备都严重匮乏，而京瓷又是行业的后来者，为了突破困境，稻盛在公司强调拼命精神，几乎没有休息地进行工作。面对繁重的劳动，员工们经常会有牢骚和不满："再这样无限度的、不要命的工作，人的血肉之躯能受得了吗？过不了多久，大家都会累倒的！"

面对这种情况，稻盛和夫在公司的士气激励会上发表了一段演讲：

"企业经营就好比是参加马拉松比赛。我们是业余团队，没有经过专业的训练，在这样的长距离赛跑中，我们起跑时已经被别人落下了。此时此刻，如果还想继续参加比赛，只有用百米赛跑的速度飞奔才行。当然，很多人认为这样拼命，身体会吃不消。但是，我们在起跑的时候已经晚了，又没有专业的训练，缺乏比赛的经验，不这么做就没有可能会成功。如果不能坚持下来，还不如不参加这次比赛。"

稻盛的坚持与努力终于开花结果。在京瓷创立近 10 周年时，公司股票上市，进入了新的发展阶段。

中等程度的努力太平凡，它的力量不足以让企业或个人获得理想的成果。只有"付出不亚于任何人的努力"才是人生完满和事业有成的王道。

员工之"行"

仅付出和大多数人一样的努力，不管这努力持续了多长时间，都已经不能满足获取成功所须达到的要求。因为努力只是做了理所应当的事情。想在职场竞争中有骄人的表现，就得付出非同寻常的"不亚于任何人的努力"。希望在工作中有所建树，就必须持续地付出这种近乎个人极限的努力。如若不能超越极限，而想取得成功并维持成功，那绝对是妄想。

"付出不亚于任何人的努力"，是在职场脱颖而出的必要条件。做不到这一点，无论是职业生涯抑或人生的成功，都是纸上谈兵。

今年不景气，可能明年也会不景气，不管环境如何不堪，工作总要继续。人们常说，"成功战略最重要，成功战术不可少。"但稻盛始终强调："除了拼命工作外，没有第二条路通向成功。"

有胆无识狂为勇，有识无胆多空谈

稻盛之"道"

倘若没有排除万难、坚韧不拔、坚持奋斗到底的勇气，那么一切知识便立刻灰飞烟灭。没有勇气作支撑的知识是一盘散沙，无用武之地。

稻盛和夫在日本哲学大家安冈正笃的著作中，对"知识""见识""胆识"有了领悟。稻盛认为，胆识的母亲是勇气。很多人知道这个道理，却在困难面前踌躇，关键在于他们缺乏勇气作为后盾。过分在意"自我"会导致勇气的丧失。很多感性的小烦恼，以及一些对别人的责难或厌烦的担心，这些以自我为重的忧虑想法都会成为勇气的杀手。没有了勇气，自然更谈不上胆识，最终导致事业裹足不前。

其实，杰出者与平庸者的差距，并不简单地在于知识的多寡、专业的优劣，而在于谁经历丰富，见多识广，遇事不慌，有一种运筹帷幄的胆识和气度，对于任何情况都能应对自如。

员工之"行"

"知识"的内容包罗万象，所涉及的范围广泛。"见识"是平时我们对身边周围社会和事物的观察、思考和积累的程度，是一个人通过参与社会实践所获得的认识和经验的积累。所谓见多识广的多是那些有着丰富经验的人。此外，"见识"还意味着一个人对事物认识的维度，即深度、高度和广度。

常言说得好，"读《论语》而不知《论语》。"相信大多数人都聆听过先贤的教诲，也读过圣贤书。然而，倘若仅仅停留在"知"的层面还不够，应当把知识通过实践提升为见识，把见识通过勇气升华为胆识。

在职场中，有胆量才会有突破，有突破才会有创新。然而，倘若没有知识和见识给勇气打底，那勇气只是匹夫之勇或意气用事。而只有知识和见识，那么只能纸上谈兵或望梅止渴。有了知识和见识的勇气才是胆识，"有胆无识狂为勇，有识无胆多空谈"。所以，员工在工作中要做一个有胆有识的人，不但要积累知识、增长见识，更要有必胜的勇气和决心，有敢于挑战困难工作的胆量。

劳动是获得心中快乐的种子

稻盛之"道"

稻盛和夫说："劳动是获得心中快乐的种子。"每天认真工作必定会得到巨大的回报：这会让你享受到人生的快乐，体会到时间的宝贵。

稻盛和夫回忆他青年时期的日本，那时的社会环境要比现在糟糕得多。因为，在那个严酷的时代，不好好努力工作，根本连饭都吃不上。

京瓷公司的股票首次上市的时候，稻盛心中无限感慨，自己赤手空拳创建的公司终于跻身一流企业的行列。

当时有人说他终于可以好好玩乐，过轻松安逸的生活，不需要那么拼命努力了。的确有些风险企业的经营者们，通过股票上市，获得了大笔财富。很多人还很年轻，就已经开始考虑退休去过自己安乐的生活。

京瓷公司上市时，稻盛没有抛售他持有的原始股，而发行新股所获得的可观利润也全部归公司所有。当时的稻盛只有 30 多岁，他思考的是趁上市的机会更加努力工作。稻盛激励员工同心协力加油工作，他认为公司上市不代表着玩乐享受，而意味着肩负着更重大的责任，上市是新的起点，而不是终点。

稻盛和夫的经历告诉我们，快乐和欢喜总是隐藏在拼命工作的背后，正如曙光的颜色从漫漫长夜的尽头露出微笑，这正是劳动人生的美好。

员工之"行"

人这种动物带着一种与生俱来的惰性：如果一味放任，就会贪图安逸，不思进取，躲避挫折和困难。无论是在现代和平富裕时代的青年人，还是曾经经历战争年代的中老年人，无一例外。

拼命工作能给人带来意想不到的快乐和满足，即使是能理解到这个高度的人，也难以摆脱好逸恶劳的本性，不时会在脑海中产生"工作真让人烦恼""要是能不工作就好了"这样的念头。

安逸和稳定只能给人带来懒惰的思想，而不能给予真正的动力和生活乐趣。假设幸运之神眷顾你，让你中了头彩。头彩的奖金足够你玩乐一世。这种喜悦可能会使人快乐一时，但长期无所事事的烦闷会缠绕一世。每天吃喝玩乐，没有目标，不做工作，长期持续这种生活，你不但会觉得无聊无趣，而且毫无长进，甚至会丧失自己人性中那些闪光点。日复一日，亲情、友情的关系网会逐渐恶化坏死，你将寻找不到生活的快乐和意义。

第二章
把深沉的爱注入工作中

对自己的工作、对自己的产品，
倘若不注入如此深沉的关心和热爱，
事情就很难做得如此尽善尽美。

为什么不能用糊弄的心态面对工作

稻盛之"道"

一个人只要理解工作的含义，并能全心全意地投入工作，那么他就能够拥有一个充实幸福的人生。

稻盛和夫认为，从20世纪90年代以来，日本处于一个没有方向感的时代。这种说法来自两个方面的问题：一方面，人们找不到一个给予明确方向的行动指针；另一方面，人们也遇到了许多前所未有的问题，带来极大的困惑。比如说，整个社会的老龄化，年轻人的比例减少，人口负增长，地球资源枯竭以及环境污染、生态恶化，等等。在这些危机与困惑中，人们的价值观念也产生了巨大的变化，并在变化中产生了一系列的混乱。

人们价值观的混乱中表现得非常显著的一点就是对于"劳动"观念的扭曲，以及对于人们赖以为生的"工作"的认识的改变。现在社会的大多数人已经无法对工作目标和意义有一个正确的认识。于是，"劳动是为了什么""为什么要努力工作"这样的问题出现的越来越多。

现在的年轻人中间，有相当的一部分不喜欢自己的
日常工作，讨厌劳动，而且还尽可能地逃避工作责任。
这种倾向在明显地滋长。更有甚者把"努力做好自己工
作""拼命进行劳动"看得无足轻重。他们报以积极工作
的人嘲笑和轻蔑。

稻盛和夫认为，一个人难得来到人世上走一遭，如果就这样
马虎度过的话，可以说没有什么价值。稻盛和夫多年来对工作的
实践体验和思考说明：劳动和工作可以给一个人的人生带来巨大
的喜悦和收获。

员工之"行"

许多人刚刚一脚踏入社会，就把工作看作苦役，而且认为这
种苦役剥夺人性，甚至很多人选择了啃老，干脆不去求职、不去
工作，在双亲的庇护下混日子，还有就是不从事正经职业，靠打
零工、做兼职填饱肚子。

劳动观念、工作意识的改变，导致了无固定工作的自由职业
者的增加，这是必然结果。很多人都希望工作又轻松而且赚钱又
多。这些人都是抱着心里不愿意工作，但因为要糊口又不得不做
的心态。以这样的心态怎么能做好工作上的事呢？不愿意受工作
环境的束缚，只重视私人生活的时间，只对个人感兴趣的事情投
入精力，这样的生活方式，在现今富裕时代的背景下，早已经深
深渗透到年轻一代的群体中，值得我们警惕。

当你在为公司工作时，无论老板把你安排在哪个位置上，都不要轻视自己的工作，都要担负起工作的责任来。那些在工作中推三阻四，寻找各种借口为自己开脱的人，对这也不满意、那也不满意的人，往往是职场的被动者，他们即使工作一辈子也不会有出色的业绩。

工作即是磨砺心志的修道坊

稻盛之"道"

工作是一种非常值得推崇的行为，它能够铸造人格、磨砺心志，是人生最尊贵、最重要、最有价值的行为。

稻盛和夫曾谈到，他在一个电视访谈类节目中看到记者采访一位木匠师傅。这位修建神社的木匠师傅所说的话，很令他感动。

这位木匠师傅说："树木里居住着生命，工作时必须倾听这树木中生命发出的呼声……在使用千年树龄的木材时，我们须以精湛的工作态度来对待，因为我们的技艺必须像有着千年树龄的树木一样，要经得起千年岁月的考验。"

这种动人心魄的话出自一个平凡的木匠之口，但是，这种话只有终身努力、埋头于工作的人才能说出来。

木匠工作的意义是什么呢？它的意义不在于使用工具去建造美轮美奂的房屋，不在于不断提高木工技术和工艺，而更在于磨炼人的心志，铸造人的灵魂。这是稻盛和夫从这位令人肃然起敬的木匠师傅的肺腑之言中听出的深刻意蕴。

这位木匠师傅已年逾古稀，职业生涯一直就是修建神社。只有小学毕业的他几十年从事着木匠这项工作，辛苦劳累。他也曾不胜厌烦，甚至有时也想辞职不干，但坚韧的他还是坚持了下来，几十年如一日地承受和克服了这种种劳苦，勤奋工作，潜心钻研。像这样的，他将自己的一生奉献给了一种职业，埋头工作的过程中逐渐塑造了厚重的人格。孜孜不倦的他在经历了一生的劳苦和磨难后，才用自己的体会说出如此语重心长、警醒世人的人生智慧。

像那位可敬的木匠师傅一样，将自己的一生奉献给一项职业，埋头苦干，这样的人最有动人心弦的魅力，也最能打动人。稻盛和夫曾经说过，工作是对万病都有疗效的灵丹妙药，通过工作可以克服种种艰难险阻，让自己的人生命运时来运转。将自己的工作当作信仰，把劳动看得高贵神圣，是非常值得推崇的。

员工之"行"

提升心志是一件说来容易做来难的事，许多寺庙里的僧人经过了长期严格的修行，也没有能够做到真正的提升心志。然而，在工作中却埋藏着可以达到这个伟大目标的强大力量。

一个人的发展与成长，天赋、环境、机遇、学识等外部因素固然重要，但更重要的是自身的勤奋与努力。没有自身的勤奋，就算是天资奇佳的雄鹰也只能空振双翅；有了勤奋的精神，就算是行动迟缓的蜗牛也能雄踞塔顶，观千山暮雪，渺万里层云。成功不能单纯依靠能力和智慧，更要靠每一个人自身孜孜不倦地勤奋工作。

工作能够强大一个人的内心，帮助人克服人生的种种磨难，让命运获得转机。只有通过长期坚持不懈的工作，不断磨砺心志，才会具备厚重充实的人格，在生活中像大树而不是芦苇，做到沉稳而不摇摆。

生活在现代的年轻人，承担着人们对未来的希望以及创造未来的重任，在工作中不可好逸恶劳，不要逃避困难。秉着一颗纯真自然的心，全身心地投入到工作当中去，是接近成功以及磨砺心志最好的方法。

工作增添生命的味道

稻盛之"道"

工作是增添生命味道的食盐，工作是奠定幸福的基础。要想在工作中取得好成绩，首先要热爱自己的工作。当你迷恋工作的时候，工作才能给予你最大的恩惠，让你获致充实的人生。

松下幸之助认为工作是快乐之源，"在工作中我经常提醒自己，每件工作都蕴含着独特的美感，如简约之美，和谐之美，速度之美等，而我的任务仅仅是把美感发掘出来而已；别忘了，美的事物永远让人感到舒畅快乐。"

当然不是每个人都能像松下幸之助那样从事自己喜爱的工作，稻盛和夫告诫年轻人，要想拥有一个充实的人生，你只有两种选择：一种是"从事自己喜欢的工作"，另一种则是"让自己喜欢上工作"。一个人能够从事自己喜欢的工作的概率，恐怕不足"千分之一"。而且，即使进了自己所期望的公司，也很少有机会从事自己喜欢的职业。这就要求我们这些初出茅庐的年轻人，从"自己不喜欢的工作"开始。

那些热爱他们各自的技艺的人都在工作中忙得筋疲力尽，他们没有洗浴，没有食物；而你对你的本性的尊重甚至还不如杂耍艺人尊重杂耍技艺、舞蹈家尊重舞蹈技艺、聚财者尊重他的金钱，或者虚荣者尊重他小小的光荣。这些人，当他们对一件事怀有一种强烈的爱好时，宁肯不吃不睡也要完善他们所关心的事情。

在稻盛和夫看来，无论如何我们都必须喜欢上自己的工作。当我们把"被分配的工作"当成自己的天职，当成自己的意愿时，就不会再把困难当苦难，相反，我们自然而然地就会获得无尽的动力去埋头苦干，做出成果。而一旦有了成果，就会获得大家的赏识和好评，这样你就会更加喜欢工作了。如此反复，良性循环就开始了。

要想在工作上有所成就，就要用自己坚强的意志去喜欢工作，脚踏实地，把工作做好。只有你这么做了，生命才会更精彩。

员工之"行"

人的生命只有一次，生命的目标就是自我的完全展示，而工作正好提供了这样的舞台。我们只有全力专注于一个方向，并真正为其付出心血，才能最大限度地展现自己的才能。就像高山之流水，没有分支才会走得更远。工作也是一样，我们要试着去迷恋工作，热爱工作。当我们专心致志于工作直至痴迷，就会不经意忘却身边的烦恼，忘记身上的苦痛，从这个角度来讲，工作也是包治百病的良方。

生活就像一面镜子，你对他笑，他也朝你笑；你对他哭，他也朝你哭。当你不喜欢工作，抱着勉强接受、不得不干的消极态度时，你就会经常牢骚满腹，那么很多潜力你也不会去挖掘，前程似锦的人生只会白白虚度。

我们劳苦的最高报酬，不在于我们所获得的，而在于我们会因此成为什么。洛克菲勒说过，如果你视工作为一种乐趣，人生就是天堂；如果你视工作为一种义务，人生就是地狱。所以当我们赋予工作意义，不论大小，我们都会感到快乐，自我设定的成绩不论高低，都会使我们对工作产生乐趣。如果我们不喜欢做，即使简单的事也会变得困难、无趣。

注入深沉的热爱，事情才能尽善尽美

稻盛之"道"

对自己的工作、对自己的产品，倘若不注入如此深沉的关心和热爱，事情就很难做得如此尽善尽美。

京瓷公司在创建不久，曾制作过"水冷复式水管"，这种水管的作用是用来冷却广播机器真空管。之所以订单发到了京瓷，是因为过去生产这种水管的企业中技术人员走了。

京瓷以前只做小型陶瓷产品，而这种水管尺寸太大，使用的是老式陶瓷原料，属陶器一类，并且要在大管中通小冷却管，结构很复杂。

当时京瓷本不具备制造这类产品的设备，也未能掌握相关技术。然而由于客户盛情难却，稻盛无意中便把任务应承了下来。既然接受了订单，就绝不可以失信于人，不管怎样都必须给客户一个满意的交代。

为了做好这种水管，京瓷人付出了一般人难以想象的辛苦。比如说，原料虽然与一般陶器一样，使用相同的黏土，但是想让如此大的陶器均匀地干燥却很困难。一开始，在成型、干燥的过程中，几乎每次都以失败告终，因干燥不均而发生裂痕的现象频频发生。

产品的干燥时间过长，稻盛曾尝试在缩短干燥时间上下功夫，但结果并不那么尽如人意。稻盛采用各种方法反复试验，最后想出一招：在尚未完全干燥、处于柔软状态的产品表面裹上布条，然后向布条上吹气，让产品慢慢地、均匀地干燥。

这样，新的问题又来了。如果产品太大，而干燥时间又过于长的话，产品会受自身的重力影响而发生变形。为防止变形，稻盛又开动脑筋。最后，他决定抱着水管睡觉。

稻盛选在炉窑附近温度适当的地方躺下，把产品小心翼翼地抱在胸前，整个晚上都慢慢转动着水管。用这种方法干燥果然奏效，同时还防止了水管变形。

在旁人看来，这简直是疯狂的、不可思议的。当时的稻盛满脑子想的都是"把产品培育成人"，甚至把它当作自己的孩子，倾注了全部的爱。正因为如此，稻盛和夫才能做到抱着产品转动了一个通宵。他通过这种让旁人看来心酸流泪的"认真不遗余力地工作"，顺利地完成了"水冷复式水管"的制造任务。

稻盛的经历告诉我们，不管我们所处的时代多么发达、多么进步，如果工作时缺乏那种认真不遗余力的感情，就无法品尝到那种成功的欣慰。

员工之"行"

一些企业中，不少员工只是将工作当成一份养家糊口的、不得不从事的差事，谈不上什么荣誉感和使命感；甚至有很多员工认为，我出力，老板出钱，等价交换，谁也不欠谁的，谁也不用过分认真。他们只想做企业的老人，而不是企业的功臣；他们没有尽心尽力工作的精神，而是像老牛拉磨一样，懒懒散散，不求有功，但求无过。这些做法无异于浪费自己的生命，断送自己的前程。

年轻人常常对工作缺乏深刻的认识和理解。也许他们常常抱怨薪水太少，工作时间太长，在他们眼里"工作是工作，自己是自己"，而这二者之间没什么关系，而且要保持距离。然而，想把工作做好，就应该消除二者之间的距离，领悟到：自己就是工作，工作就是自己。

很多人可能会为了自己的不认真寻找各种各样的借口，实际上却是聪明反被聪明误。如果一个人总是为了自己的松懈而大伤脑筋琢磨如何辩解的话，那么他还有什么资格谈做人呢？有句话说得好："今天工作不努力，明天就要努力找工作。"

第三章
"完美主义"的企业生存哲学

正是以追求完美为信条，才能使企业拥有细心和细致，才生产出完美的产品，才有了产品的独到之处，才能使企业的可持续发展成为可能。

完美主义不是更好，而是至高无上

稻盛之"道"

"完美主义"是稻盛和夫在工作中一直追求的目标，他所考虑的"完美主义"不是"更好"，而是"至高无上"。

稻盛和夫的一位叔叔当过海军航空队的飞机维修员，他从战场归来后曾对稻盛讲起过他在航空队的经历，给稻盛留下了深刻的印象。

每当轰炸机起飞的时候，维修员都要随机飞行，但几乎他们中的所有人都不乘坐自己维修过的飞机。他们似乎不约而同地选择乘坐别的同事维修的飞机，这里面有什么玄机吗？

原来，维修员们虽然在维修保养机器时竭尽全力工作，却不敢保证自己做的万无一失，于是他们都乘坐同事负责维修的轰炸机。

正因为对自己的工作缺乏充分的信心，又考虑到万一出现紧急情况，所以维修员们做出了这样的选择。

稻盛和夫并不赞同这种观点，他认为每一天的工作都是真刀真枪干出来的，拥有这样的积累，他一定会对自己的技术有满满的自信。如果换了他做飞机维修员，他必定会选择乘坐自己负责的轰炸机。

只有觉得自己的工作做得完美无缺，能给自己的能力打满分时，才能有正面面对问题的决心和魄力。试问，你做到像对待仅有一次的生命那样严肃谨慎地去对待你的工作了吗？让我们将至高无上的完美主义进行到底吧。

员工之"行"

生产一个产品，哪怕付出99%的努力都是不够的。一点瑕疵，一点疏漏，一点粗心都不能原谅，只有做足100%才堪称"完美"。在工作中不断追求的"精"是做到精致、精湛、精益求精，力求最高质量，把产品做成无可挑剔的完美作品，把工作做到极致，挑战极限，这才是工作的终极目标。

国内有一家企业是质量上精益求精、苛求完美的典范，它就是荣事达公司。荣事达公司的做法，值得我们借鉴：

1. 打破传统的"人总要犯错误"理念，改换成"只要主观尽最大努力，就可以不犯错误"的理念，以此动员全体员工追求无缺点目标，自觉避免工作中的失误。

2. 打破以往的生产与质检分离的格局，要求每个操作者同时也是质检者，规定上道工序不得向下道工序传送有缺陷的产品。

3．打破过去对错误只有事后发现和补救的常规，讲求超前防患，事先找出可能产生缺点的各种原因和条件，提前采取措施，做到防患于未然。

4．打破生产过程中各工序的员工各自为战、各行其是的习惯状态，要求树立全局观念，主动配合、密切合作，从总体上保证实现无缺点结果。

荣事达将"用户是上帝""下一道工序是用户""换位思考""100％合格"等质量意识转变为员工的自觉行动，建立了"零缺陷"的企业文化，企业落实力文化进入了新的境界。

员工在工作中应该具备完美主义的意识，但同时也要平衡完美与效率的关系，在二者的互动中，获得最佳收益。

把工作当成一件立体艺术品

稻盛之"道"

在产品制造的过程中，即使99%都进行得很顺利，但只要最后的1%因为一点点疏忽而出现问题，这就意味着前面所有的努力都将前功尽弃。

稻盛和夫从年轻时就把"完美主义"作为人生信条。这一方面和他与生俱来的性格有关；另一方面，这也是他后天从在从事产品制造业的经验中学来的。

制作新型陶瓷需要按比例将氧化铝、氧化硅、氧化铁、氧化镁等原料的粉末混合后，放在模具中通过加压成型，再在高温炉中烧结，还要对出炉的半成品进行研磨，对表面进行进一步的金属加工处理。制造一个产品，需要多道生产工序，运用多种生产技术，每道工序都需要相当精密细致的技术。严格的产品需要每个员工在操作时必须全神贯注，哪怕一个很小的错误，也可能导致前功尽弃，造成产品的致命伤。

京瓷按照客户订单加工生产各种电子工业陶瓷零件。京瓷的销售员都是从电器厂家处获得订单，订单上明确标注有对作为机器重要配件的新型陶瓷的规格要求和交货日期。

京瓷提供的配件交货日期是根据客户机器装配的日程安排决定的，预定的交货期必须严格遵守。在生产过程中发生的一点小差错，将会直接导致承诺的交货期无法兑现，而违约意味着损害公司的信誉。如果在临近交货期，因某个环节的差错产生了不合格品，而制造这种产品需要两个星期，而问题不巧又出现在最后的生产环节上，那就只有通过延期来解决。

销售员需要立刻向客户解释，低声下气地恳求再宽限两个星期。这时没有及时得到产品的客户往往会很不满意，"我们这么信任你们，把这么重要的配件生产委托给你们，没想到竟会连累我们整个生产线停产。""言而无信，再也不想和你们这样的公司做生意了！"

销售员只能无辜地遭到如此的责骂。

京瓷公司的产品流程给我们带来的启示是，每一个产品中都凝结着一百分的努力和细致，99%是不够的，一点小问题都不允许出现，任何时候都要求100%的"完美主义"。

员工之"行"

完成一件工作无异于完成一件立体的艺术品，某个环节的差错会导致整体的不完美，甚至严重的会使这件艺术品轰然垮塌。如果说 100% 是完美的代名词的话，那么最后的那 1% 便承载着之前 99% 的努力，把它合成 100% 的完美。

在实际工作中，员工把握一件事的成败就是要将每一个环节做透、做细、做到位。否则，任何一件事都可能因为一点疏漏而成败笔。

把追求完美作为企业的信条

稻盛之"道"

京瓷公司的目标不是向"最佳"看齐，而是向着"完美"追求。"完美"同"最佳"不同，不是同别人比较起来最好，而是带有很强的绝对性的，说明它自身就具备可靠的价值。

法国休兰伯尔公司在石油开采领域上拥有高超的技术——能利用电波测定地层状况，确定接近石油层的合适位置，是一个非常优秀的企业。

京瓷公司在创立大约 20 周年的时候，休兰伯尔公司的董事长詹恩·里夫先生曾来日本访问。

里夫董事长是一个很出色的人物。他出身于法国的贵族名门，是当时法国社会党实力政治家们的朋友，还曾成为法国政府内阁候选人。

里夫在访日期间到京瓷拜访稻盛，想与他谈论经营哲学。

京瓷与休兰伯尔公司不属于一个领域，因此当时的稻盛还不太了解休兰伯尔。他在公司和里夫董事长见面之后，在聊天中发现里夫先生果然不同凡响：他拥有出色的经营哲学，能将公司办成世界屈指可数的国际型大公司。

虽然他们第一次见面，却很谈得来。后来，稻盛应邀在美国与他再度会面，促膝长谈直至夜深。

里夫董事长在谈到休兰伯尔公司的信条时说："就是努力把工作做到最佳。"

他的这句话又引出稻盛下面的一席话："'最佳'这个词，意思是同别人比较，是最好的。但这只是相对而言的，因此在水平较低的队伍里也存在着他们的'最佳'。京瓷的目标不是向'最佳'看齐，而是向着'完美'追求。'完美'同'最佳'不同，不是同别人比较起来最好，而是带有很强的绝对性的，说明它自身就具备可靠的价值。因为世上没有什么东西能超越'完美'。"那天晚上，稻盛就自己的"完美"主张，与里夫董事长的"最佳"信条的讨论持续到深夜。最后，里夫董事长同意了稻盛的观点，并表示以后休兰伯尔公司不再把"最佳"奉为信条，而是推崇把"完美主义"作为信条。

稻盛和夫把追求完美作为企业的信条，要求员工切实地执行，对企业产生了深远的影响，也带给我们许多启示——正是以追求完美为信条，才能使企业拥有细心和细致，才生产出完美的产品，才有了产品的独到之处，才能使企业的可持续发展成为可能。

员工之"行"

对任何企业来说，产品的质量都是极为重要的。因为它不仅关系到企业的声誉，而且直接影响到企业的经济效益，关系到企业日后的发展。因此说，追求完美的工作质量是企业的生命，是企业的命脉。如果一个企业对产品质量的要求非常严格，重视每一个细节的完美，不允许产品的任何一个细节存在差错。而一旦发现某个环节存在缺陷，宁可牺牲产品，也不会放宽对细节的完美追求，这样的企业就能做到基业长青。

要抓住一切机会磨炼"敏锐度"

稻盛之"道"

稻盛和夫把一线员工的"敏锐度"不佳当作一个重点，不厌其烦地向他们描绘预期做成的完美效果，告诉他们每天不断思考，使成功的具体效果浮现在眼前，最后必定能成功。

敏锐度是在长期的工作中磨炼出来的。细腻的敏锐度对于在工作中执行完美主义标准来说，不可或缺。

稻盛甚至连办公桌、检验台上的物品都要摆放得整整齐齐。每当他乘车时，只要听到车子有异常声响，就会对司机说："听声音这车好像有点问题。"司机基本上会不太在意地说："和平时一样，没问题的。"结果是把车开到修理厂检查，发现轴承缺少一颗珠子。这样的事情俯仰皆是。

这就是所谓"敏锐度"的差异。在生产现场，一些有经验的老师傅常常能听出机器发出的异常声音。机器出故障前，往往运行得不很顺畅，会发出与平时不同的声音。但因为机器与平时一样正常运转，所以这样的问题很容易被粗心的员工忽略。

稻盛和夫把这种机器的异响叫作"机器的哭泣"，他常会因此对现场负责的员工提出批评，严肃地指出"要抓住一切机会磨炼'敏锐度'"。他把现场人员的"敏锐度"不佳当作一个重点，不厌其烦地向他们描绘预期做成的完美效果，告诉他们每天不断思考，使成功的具体效果浮现在眼前，最后必定能成功。

倘若工作中不太留心，"敏锐度"太差的话，即使产品的种种征兆已经预示问题即将发生，本应能得到及时解决的问题很可能也会因为你的疏忽和迟钝，而错失解决的良机。

员工之"行"

关于"敏锐度"的问题，不少成功的企业都有这方面的经验。每个小细节都逃不过细心员工的敏锐的眼睛。细心工作的人因为注重细节，悉心观察，反复思考，谨慎分析，会得出正确的判断，把工作做到完美。一名员工具备凡事用心的习惯，是培养"敏锐度"的肥沃土壤。在工作中多留心，多观察，多总结，才会不断增长自己的经验值，才能在问题发生时意识到异样，从而迅速采取应对机制，把事情做得圆满无缺。

每天都进行一次"自诚仪式"

稻盛之"道"

一个从不进行自我反省的人，则会重蹈覆辙地反复犯某些错误，以致使自己的能力被湮灭。

稻盛和夫说，一个从不进行自我反省的人，则会重蹈覆辙地反复犯某些错误，以致使自己的能力被湮灭；相反，一个常常进行自我反省的人，能够及时地发现自己的长处和短处，并能扬长避短，利用自己的优点发挥自己的最大潜能。

稻盛和夫每天都进行"自诚仪式"，这已成为一种习惯，成为生活中不可分离的一部分。这个习惯从他年轻时起，伴随了他近 30 个年头，让他的人生勇往直前，无往而不胜。

稻盛认为，反省可以作为"完美"的结束语。

对于自己当天做过的事，晚上都在脑海里像过电影一样回忆一遍，对不尽如人意的地方老老实实地反省，然后从第二天起改进。这样就在避免工作失误的同时塑造了自己的人格，真是一举两得。

员工之"行"

反省，是认识自身错误的前提，它使改正错误成为可能。它像一面镜子，能照出我们内心的缺陷，也就是那些阻碍我们进步的心魔。如稻盛和夫所言，反省自己的过程可以说就是一个自我学习、解除心魔的过程。

一个人能够不断前进，关键在于他能够把虚心反省作为每天的作业，及时改正自己的错误，取得一个接一个的成功。员工在尽心尽力工作的同时，每天都应该自我反省，抑制自我，释放真我，并怀着一颗"利他"的高尚之心，这样才能使我们的灵魂得到过滤，使之更美丽、更纯净。在职场中，虚心反省是我们一步一步上升的阶梯。

第四章
成功的基础是内心的强大能量

与其扼腕叹息，不如挽起袖子努力工作；与其抱怨时运不济，不如打起精神、做好准备等待机会的到来。

发自内心并用格斗的气魄面对工作

稻盛之"道"

职场中总会遇到很多困难，当我们面对时，放宽心，不气馁，以一颗斗士的心去迎接挑战。

在稻盛和夫的孩提时代，父母常用鹿儿岛方言教导他说："年轻时的苦难，出钱也该买。"那时的小稻盛还只是一个不知轻重、出言不逊的孩子。每当这时，他总是反驳道："苦难？能卖了的最好。"

稻盛大学毕业后，在京都一家濒临破产的企业"松风工业"就职。松风工业是一家制造绝缘瓷瓶的企业，原本在日本行业内是颇具代表性的优秀企业之一。但在稻盛入社时早已经面目全非，迟发工资是家常便饭。当时的松风工业状况相当不佳：业主家族内讧频繁不断，劳资争议不绝于耳。有一次，稻盛去附近的商店购物时，店老板用同情的口气对他说："你怎么来这儿了？在那样的破企业工作，以后找不上老婆啊！"

很自然，与稻盛同期入社的员工，一进公司就觉得，"这样的公司令人讨厌，我们理应有更好的去处。"于是，大家一聚到一块儿时就牢骚不断。

稻盛入公司还不到一年，同期加入公司的大学生们就相继辞职离开了，最后，只剩稻盛一个人留在了这个破败的公司，他非常苦恼。究竟离开公司，还是留在公司，哪个选择才是正确的呢？烦恼过后的稻盛做了一个决断。

正是这个决断，稻盛迎来了人生的转折。稻盛最终决定：先埋头努力工作，拒绝再发牢骚、说怪话。稻盛把心思都集中到自己当前的本职工作中来，聚精会神，全力以赴。

在这家公司里，稻盛的任务是研究当前最尖端的新型陶瓷材料。他把锅碗瓢盆等生活用具都搬进了实验室，住在那里，不分昼夜，废寝忘食，全身心地投入到了研究工作。

稻盛大学的专业是有机化学，他只在毕业前为了求职，突击学了一点无机化学。可是当时，在他还是一个25岁都不到的毛头小伙子的时候，居然一次又一次取得了出色的研究成果，成为无机化学领域里初露锋芒的新星。这全都得益于稻盛的重要决定——专心投入工作。

任何时候，我们都要发自内心并用格斗的气魄，以认真的、诚实的态度面对自己的本职工作。如果面对困难就退缩，那工作带给你的永远只是遗憾。当你全力地做出某项突破时，那种无法言说的成就感充斥内心，它会形成一种正效应，让你轻松愉悦地继续前行。

员工之"行"

所谓困难，只是一时的。不管在多艰难的环境中，坚持认真地、诚实地工作，能成为一个人人生中重要的转机。

想在职场闯出一片天地，困难无非是拦在路上的一块小石头，对付它的方法，要么将它踢掉，要么视而不见，从它身上走过去。成大事者，就需要这种万古皆在手中的气魄，唯有如此，困难才不会成为困难，而是通过更高层级的跳板。

态度是我们真正的主宰

稻盛之"道"

作为企业员工，即使身处最难熬的逆境中，也要保持积极的态度。

稻盛和夫先生年轻时的路程走得不太顺利：怕发生什么，偏偏发生什么；想做的事情也大多事与愿违。

中学升学考试失败之后，稻盛和夫感染了结核病。虽然当时结核病不是绝症，但是他的家族里有两位叔叔和一位婶婶都被结核病夺去了生命，他的家族因此被人称为"结核病家族"。

结核病带来的病痛和死亡，使恐惧和悲伤在他心里久久挥之不去。他非常害怕被感染，当初叔叔在家中疗养时，他总是避之不及，躲得远远的。

结果后来，在叔叔身边看护着的父亲没有被感染，对结核病不以为意、认为不会轻易被传染的哥哥也好好的，只有他被感染了。

　　稻盛和夫想起邻居阿姨送给他的《生命的真相》一书中提到过："我们内心有个吸引灾难的磁铁。生病是因为有一颗吸引病痛的羸弱的心。"他感到费解：为什么偏偏是自己病了呢？也许真的像书中所说的那样，自己消极的心引来了病痛。

　　稻盛和夫的结核病好不容易治愈了，终于可以回到学校读书了。可是，战胜了病痛的稻盛并没有从此摆脱失败和挫折的纠缠。满心期待的大学入学考试不合格，没有考入第一志愿的大学。进入了本地的大学之后，成绩一直不错，以为可以找到一份称心的工作；可是，毕业时赶上了经济大萧条，参加多次就业考试，屡战屡败。在大学老师的关照下，他终于在京都谋得了一个职位，然而，这个公司简直就是一个烂摊子。

　　"置之死地而后生"，当稻盛跌入了人生低得不能再低的低谷时，他的心态反而有所转变了。经过一番调整，稻盛终于进入了"积极——努力——收获——更积极——更努力——更多收获"的良性循环。

的确，与其扼腕叹息，不如挽起袖子努力工作；与其抱怨时运不济，不如打起精神、做好准备等待机会的到来。无论何时，保持积极的态度，即使我们一无所有，至少还能以乐观的态度去生活。

员工之"行"

"态度决定一切！"这是美国著名演说家罗曼·文森特·皮尔的一句名言。态度是一种神奇的力量，它扎根在人的思想深处，左右着我们的每一次选择。如果说人生就是由每一次选择构成的方程式，那么态度最终也决定了人的一生。

积极的态度能够点燃我们内心的希望，激发沉睡的潜能，让我们在面对顺境时保持清醒、不骄不躁，让我们在面临逆境时保持乐观、不气不馁；消极的态度却让我们经不起一点风浪，在困难和不幸面前缴械投降，不思如何解决问题、挣脱苦难，却把时间浪费在悲叹和抱怨上面。

在心里不断强化理想的心灵图像

稻盛之"道"

想要在工作中取得某项成就，就应该时刻描绘这一成就的理想状态，然后把这一理想提升为强烈的愿望。

稻盛和夫说："成功的基础是强烈的愿望。"这并不是提倡空想，在稻盛和夫看来，创造性的活动需要不断地去思考，不断地去构思，这样我们的头脑中将会浮现那个"看得见"的即将实现的现实。

稻盛和夫在研究开发新材料的过程中，不仅仅是一而再、再而三地产生某种强烈的愿望，他还在大脑中反复进行着模拟实验，心中推演着各种迈向成功的过程和途径。就像围棋手一样，每走一步都是经过慎重的思考和推敲的，他们的脑中在一次又一次地模拟演练着达到目的的过程，然后用这个过程和方向不断指导着自己的下一步走法。

"如果我们的脑中呈现的景象是不鲜明的黑白色还不

够。想要更加接近现实，就会看到色彩鲜明的景象——这种状态是真实发生的。"稻盛和夫认为这个过程就好像是体育运动中的意象训练，意象最大限度地浓缩，就是能看见"现实的结晶"。相反，如果做事情之前我们并没有强烈的愿望，也不去深入思考和推敲，那么就不会清晰地看见完成时的形态。

稻盛和夫在开发新产品的时候，往往已经看到了产品将来应该有的状态，所以他对产品的要求是没有一点瑕疵。有时当公司员工开发出的产品已经充分满足了式样和性能的标准要求，但还是得不到稻盛和夫的认可。这是因为稻盛和夫凭借着多年以来对这一领域知识的熟知和深思熟虑，能看见他脑中理想水准的产品。所以普通水准要求并不是他的目标。

稻盛和夫认为，若想实现这个理想，也要 24 小时不间断地反复思考，直到成功的形象在眼前鲜明浮现。这一点很重要。当你对事情的各个细节都有明确的印象时，最后的结果一定是成功。

员工之"行"

企业员工不论从事什么工作，成功的关键在于我们行动之前对自己有什么样的期待和构想，制定什么样的目标和规划。你应该懂得，用什么标准来衡量自己，别人就会用什么样的标准来评估你。

凡是事业成功的人，大都有两个相似点：一是明确地知道自己事业的目标；二是不断朝着目标前进。目标的意义不仅仅是目标本身，它就像人生的指南针一样，是我们行动的依据、信念的基础、创造的源泉。

工作有所成就的人都是自我燃烧型

稻盛之"道"

想成为自我燃烧型的员工，最佳手段就是热爱自己所从事的工作。这是成为自燃类型的前提。只有爱才能热，有了足够的热才能燃烧起来，而燃烧会发出更多的光和热。

稻盛和夫把人像物质一样分成了三种：自燃型、可燃型和不燃型。自燃型的人比较坚强，他们很容易把自己燃烧起来，发出光和热；可燃型的人像木材或煤块，找得到火种，他们才可以燃烧；而第三种不燃型，没有被点燃的可能，即使有了火种，却依然冰冷，无动于衷，甚至会泼冷水。

稻盛经常对公司的员工说，希望大家都能成为乐于自我燃烧的自燃型，至少是可燃型的人，公司不需要不燃型的人。因为一般从组织上看，不燃型的人过于自我，不够积极热情，时不时还会给干劲十足的人泼冷水。这种负能量的巨大消耗会使公司内形不成一个核心的凝聚力。在企业团队中，即使只有一位不燃型的人，氛围也会变得沉闷压抑，难以开展工作。这种人冷若冰霜，表情淡漠，永远与周围人热火朝天的干劲绝缘，着实不怎么讨人喜欢。

稻盛和夫认为，想成为自我燃烧型的最佳手段就是热爱自己所从事的工作。凡是能成大事的人都是自我燃烧型，他们是性能最高的类型。他们自发而动，他们的精力永远像刚刚充过电的电池一样饱满，他们无须向外界索取什么，通常在指令下发以前就行动起来，率先做出成绩，成为别人心中的范本。他们的能动性、积极性像火种一样，可以引燃周围人的激情。投身一项事业需要相当巨大的能量，自燃型的人才是事业中的主角，他们不仅用自我燃烧激励自己，他们燃烧自己时释放出的巨大的光和热，同样温暖点亮了他人。他们熊熊燃烧的气势会感染周围的人，带动他们也投身于事业当中。

员工之"行"

自动自发地工作是一种重要的工作态度，对一个人的成功起着至关重要的作用。当你的能力和自动自发的意识、积极心态结合在一起时，就能创造出骄人的成绩。

自动自发工作的背后，需要你付出的是比别人多得多的智慧、热情、责任、想象力和创造力。永远保持一种自动自发的工作态度，是为自己的行为负责，将命运掌握在自己手中。"做一天和尚撞一天钟"的态度千万要摒弃。

第五章
不断追求更高的可能性

能用自己的力量去创造自己美好
人生的人，一定拥有超大的梦想和超
过自身能力的愿望。

不积跬步，无以至千里

稻盛之"道"

稻盛和夫经常对员工说，必须"极其认真"地过好每一天。生命只有一次，万万不能浪费，要竭尽全力、真挚、认真地活着——继续着这种看似朴素的生活，平凡的人不久也将旧貌换新颜，变成非凡的人。

稻盛在工作的第一家公司反复进行着有成功也有失败的实验。当时在无机化学研究领域的同龄人中，有人赴美留学，拿着丰厚的奖学金；有人在知名的大企业，用最领先的设备进行最尖端的实验；稻盛却在一个濒临倒闭的企业里，日复一日地用简陋的设备做着混合原料粉末的工作。

他不时会冒出这样的想法：一直做如此单调的工作，又能搞出什么科研成果来呢？自己的人生将来又会是怎样一番情形呢？

也许一般人解决问题的方法是和自己说："要有远

见，向未来看吧。"也就是说，不要将自己的目光停留在眼皮底下，而要从长远的角度展开自己的人生蓝图，而眼前的工作只是这长期规划中的一个环节。

然而稻盛却有着相反的看法。他从短期的观点来看，不再痴迷于不着边际的远景，而只是留神眼下的事情，于是摆正自己对工作的态度。

他给自己定下规矩：今日事今日毕，今天的目标今天一定要完成。工作的成果和进展以一天为单位区分，然后切实完成。

同时，要反思今天的工作，以便为明天总结出一点经验或教训。为了达到目标，不管天气多么恶劣，不管境遇多么艰难，稻盛都全神贯注，全力以赴。一天，一月，一年，五年，十年……他始终锲而不舍。直到今天，他踏入了当初根本未曾想象的境地。

在每一个"今天"中，前进是最低限度，无论这一步是大是小，总要向前推进。

未来都是每一个"今天"的累积。奔着"今天"的目标去，每天都获得积累。这样，今天就会比昨天更好，明天又会比今天更强。

员工之"行"

很多人在工作和生活中总是缺乏自信，遇到事情就匆匆下结论说："不行，我做不到。"这是因为他们仅以自己现有的能力判断自己，而忽略了自己未来的潜能。实际上，大家今天所做的工作，可能正是几年前自己看来无法胜任的。但是对今天的你来说却已经轻而易举，因为你已经驾轻就熟。

人要坚持把握住今天，无论在哪个方面都应如此。要想方设法地提高自己的能力，哪怕每天只有一点点进步。如果只用自己现今的能力来判断和决定能不能做，那么，你也就会失去挑战新事业，或者实现更高的目标的可能性。人的能力有时像黄金一样，有着良好的延展性，所以要坚信，不久的将来，自己身上的能力一定会有所增长。那么，就从今天开始，努力学习，汲取知识，熟练掌握技术，面向未来去描绘自己理想的人生吧！

"不积跬步，无以至千里；不积小流，无以成江海。"不要小看工作中每一天的成长，要相信只要坚持努力，就能享受比昨天更好的今天，迎接比今天更好的明天。

在自己的心中设一个长远的梦想

稻盛之"道"

在企业的经营管理中，稻盛和夫经常鼓励自己的员工要"胸怀大志，充满梦想"。在稻盛和夫看来，满怀激情与梦想，才能实现精彩的职业生涯。

> 在京瓷公司创业之初，稻盛和夫怀着"希望这个公司成为世界第一大陶瓷公司"的大志，虽然，当时看来这仅仅是个空幻的梦想，既没有具体的战略，也没有可行的计划。但是，稻盛和夫依然会在联欢会等各种场合上反复对员工说起这个梦想。久而久之，他的"愿望"也成为全体员工的"愿望"，并最终开花结果了。

现实生活中，很多人都把梦想和希望视为一些虚无缥缈的空谈，他们感觉生活上的琐事已经让自己疲惫不堪了，可是稻盛和夫不赞同这个观点。他认为今天自己所取得的成就，离不开年轻时拥有的强烈的愿景和高远的目标。稻盛和夫曾经说，"能用自己的力量去创造自己美好人生的人，一定拥有超大的梦想和超过自身能力的愿望。"

当然，梦想越大，离现实的距离就会越远。稻盛和夫告诫我们，无论多么遥远的梦想，只要内心强烈地祈求，那么，我们就一定能够成功。当我们把梦想祈祷、祈祷、再祈祷，直到渗透到潜意识中去的时候，梦想本身就是行动的一部分了。稻盛和夫正是通过这种强烈的愿景和持续的努力，才把虚幻的梦想基本上一个个变成了现实。

当我们树立了长远理想，拥有了强烈的愿望，创意的心就会紧随其后。我们会不知不觉地从日常生活中得到启发，从一些别人可能忽视的细节和小事中，冷不丁地就闪烁出灵感的火花。

员工之"行"

为自己的职业生涯乃至整个人生树立长远的目标，会使你的生活更富有价值。敢于做梦的人，才有从平庸到优秀的发展动力。

在工作中，面对困境，常常会有走投无路的感觉，但请不要气馁，就在此时给自己一个大胆的梦想吧，有了梦想和希望，我们才会有坚持下去的动力和勇气。只要我们对工作有了坚定的信念和正确的思路作为引导，就一定能走出一条康庄大道！

因为有了梦想，内心的力量才会找到方向。茫无目标的漂荡终会归为迷路，而你心中那座无价的金矿，也会因为没被梦想发掘，而与平凡的尘土无异。

有长远理想的人往往能够成就"难以完成"的事业。为了财

富的累积，为了某种高尚价值的实现，他们无时无刻不在追逐着
自己的梦想，努力挖掘和发挥着自己惊人的创造力。如果没有梦
想，人就没有前进的内驱力，人的创造性也就无从谈起，从而也
无法获得成功。只有通过描绘梦想，你才会锐意创新、不断努
力，人格才能够得到不断的磨炼。就像稻盛和夫所提倡的一
样——有创意的心追随的是长远理想。

勇敢去走别人没走过的路

稻盛之"道"

稻盛和夫回顾自己的职业生涯时说:"凡是人们都熟知的走惯的路,我从未涉足过。昨天走过的路,今天再走一趟,或者去重复别人已经走过的路,这与我的天性不合。我总是选择别人没走过的新路,一直走到今天。当然,这样的道路绝非平坦,因为谁也没有走过。"

稻盛虽然在陶瓷领域是一位"门外汉",但在长期从事研究工作的过程中,他却大胆尝试着各种新产品的研发。京瓷公司最初着手做的陶瓷叫作"精密陶瓷",就是尝试用计算机、手机等各种高科技产品的材料进行加工升级,在短暂的时间里成功地开发出的全新的材料。

京瓷自创业以来,稻盛和夫以这样敢为人先的气魄不断开发新产品,不断向新事业发起挑战。熟悉稻盛和夫的人都知道,他经常说的一句话就是:"我们接着要做的事,又是人们认为我们肯定做不成的事。"

稻盛和夫把自己正在走的路称之为"无人通行的田间泥泞的小道"。这条路上没有铺装平整的大道上的车水马龙，也没有路人在走过的路上留下有价值的东西。尽管，有时脚底一滑就会跌入水田，但稻盛和夫仍然一步一步向前走，而且坚韧不拔地走到今天。一路上他有许多新的发现和巨大的成果。

员工之"行"

任何事都不是一成不变的，用变化的眼光去把握一切，你才会获得新生。阳光底下没有新鲜事，排列组合就是创新。不走寻常路，关键在于我们能否学会发现，学会用变化的眼光和手段创造性地解决问题。

就像稻盛和夫所说，"干他人不想干的，做他人不曾想的"。

在工作中，常规的思维，不仅会束缚自己的手脚，严重影响业绩的提升，还会让你做什么事都拿不起放不下。其实只要你打破传统的思维方式，你的人生就会出现另一番景象。

在职场中，很多人都习惯走别人走过的路，偏执地认为走别人走过的路不会有错，却忽略了走别人走过的路即使能到达目的地，也只能拥有平庸的结局。学别人无论学得多像，最多也只能成为第二，走别人走过的路将会迷失自己的方向。那些成功人士，他们正是因为走了与众不同的路才获得成功。人生漫漫旅途中，想要改变命运，就要敢于走别人没有走过的路。走别人没有走过的路，才能走出自己的风格，才能走出属于自己的路，才能开创出一片新天地。

坚定成功信念，下定苦干决心

稻盛之"道"

为令人鼓舞的工作成就拼搏，就像前往一个遥远的圣地，道路是崎岖而漫长的，那我们用什么办法才能到达成功的巅峰呢？

稻盛和夫告诉我们，取得成功的法则一方面是"埋头苦干"的决心，另一方面是"定能成功"的确信。只要我们坚持这种态度，永不言弃，那么事态一定会出现转机，稻盛和夫把这种生存智慧称之为"与宇宙意志相协调"。

稻盛和夫说："无论做什么事都要有必胜的迫切心情，再加上单纯朴实地对待万物的谦虚态度，就能找到平日可能忽视的解决问题的线索。"这就是所谓的决心加信心。稻盛和夫坚信上帝会向那些吃苦耐劳、拼命努力的人，伸出援助之手，作为回报。所以，稻盛和夫时常激励自己的员工："加油！加油！直到上帝都想伸手支援为止。"

世上没有任何力量能拆散由信念黏合在一起的团体，决心和信念结成的长链，可以帮助你攀登任何一座峻山险峰。有了"定能成功"的确信，人才会冷静地面对挫折和困难，才有足够的勇气克服阻碍，从逆境中奋起，从失败中走向成功。

员工之"行"

无论做什么工作，信念是一切的开端，若没有对成功强烈的愿望，就"看不到"解决困难的办法，成功也就不会向我们靠近。为了变不可能为可能，就要有近乎发疯似的强烈的愿望，坚信目标一定能够实现，并为之不断努力奋勇向前，这是达到目标的唯一方式。

现实职场中，虽然有很多人想要人际关系更好，收入更高，或者更健康，更成功。但是，不管想达到什么结果，这些结果都必须通过你采取的行动来完成。要有更好的行动，就必须下更好的决定，然而要想有更好的决定，就必须先有更好的思想。

"工作无难事，只怕有心人"，这句话说得中肯，说得深刻。那种只会说"我不行"而不努力实干的人，怎么会取得职业生涯的成功？只有坚信自己，努力，再努力，才会奔向成功。思想上积极，行动上主动，这才是掌握人生命运的法则。

第六章
在工作中燃烧自我

人的一生只有投入工作，
拥有自己的职业，活着才是
有价值的。

对于工作，也要学会"先结婚，后恋爱"

稻盛之"道"

稻盛和夫说，要想拥有一个充实完美的人生，只有两种选择：一是"找到自己喜欢的工作"，二是"喜欢上已有的工作"。

> 稻盛和夫说："有很多人是在不明白工作真谛的前提下，被动地去进行自己的工作，因此常常感到烦恼、失败和困惑。通过总结自身多年的工作经验，稻盛和夫坚定地认为，试着改变态度，建立起对现有工作的喜爱之情，再全心地、更积极地投入现在的工作，如果能够到达忘我的境界更好，如此一来，不但可以克服困难和挫折，而且能够开拓出一片光辉景象。"

很多时候我们并不能选择完全如意的工作，但难道我们就因此而消极对待？如果这样，你收获的就只能是酸涩的果实。俗话说得好："别无选择就是最好的选择。"别无选择让你心中无杂念，只能专注做这一件事。那我们对待工作，是否也可以自我将其当作别无选择的选择呢？

员工之"行"

人对于自己喜欢做的事，再苦再累也毫无怨言，能够欣然接受。喜欢自己的工作是非常关键的前提，因为仅仅这一条就可以决定人一生的成败。

但是，大多数人抱着勉强接受、不得不去做的消极态度来对待自己不喜欢的工作。因此对自己目前的工作总是感到不称心如意，于是满腹怨言、怪话连篇，不停地更换自己的职业。日复一日，本来潜藏着无穷潜力、前程似锦的人生只会变得越来越暗淡。

与其苦苦寻找自己中意的工作，不如先喜欢上自己得到的工作，凡事脚踏实地，一切从眼前开始努力。对工作的热爱，可以促使一个人干好自己的工作，也能从中体会到工作带给自己的快乐和充实。一如既往地热爱工作，充满热情地去完成工作，用生命去做工作，去包容工作中的一切困难，只有这样，一个人才能得到事业上的成功。

把自己从事的工作当成自己的天职，这种积极健康的心态非常重要。如果不肯抛弃"工作是别人强加于我的"这种消极意识，只会给自己带来更多的痛苦。这样就无法从工作的"苦役"中解脱出来而爱上眼前的工作。

只有爱上自己的工作了，才能不辞辛苦，不把困难当困难，全心全意地埋头工作。这样一来，自然而然就能获得发自内心的力量，长此以往，就一定能做出成绩来。

工作要踏实，不要耍小聪明

稻盛之"道"

稻盛和夫说，他本人并不器重才子，而只喜欢平凡的人。因为孜孜不倦、默默努力的力量是解开平凡魔咒的秘诀。脚踏实地地走过工作的每一天，每天坚持的积累使得平凡变成非凡。

在京瓷公司处于乡村工厂的阶段时，员工还不满百人，稻盛就反复对员工们说："京瓷公司一定能成为世界第一流的大公司。"尽管这个梦想在当时遥不可及，但稻盛内心始终坚持着这个梦，并且想把它实现给大家看。

每天重复同样的工作，何时能够成为世界一流公司呢？在梦想与现实的巨大落差中，这个问题时刻提醒着稻盛，但人生只能是"每天"的积累与"此刻"的延续。

经过数十年的发展，稻盛和夫不仅实现了京瓷公司进入世界500强的梦想，全球员工总数达到51000人，而且公司的经营还延伸到无线手机和网络设备、半导体元件、射频和微波产品套装、无源电子元件、水晶振荡器和连接器、光电产品等多个领域。

这些亲身经历使稻盛和夫明白：无论梦想的眼界多么高远，在现实中也必须脚踏实地干好工作，每一天都要尽全力踏实努力地重复简单的日常工作。继续昨天的工作，推进今天的工作，计划明天的工作。挥洒汗水，一点一滴地积累，一步一步地前进，只有长期的专注，才能获得持续不断的成功。

员工之"行"

聪明的人如果在工作中总依靠自己的小聪明而不付出努力，就会逐渐变得平庸；愚钝的人如果总觉得自己不够聪明而刻苦努力，也会逐渐变成非凡的人。

金出武雄在《像外行一样思考，像专家一样实践——科研成功之道》里面提到"思维体力"的概念。其实所谓"思维体力"，就是指能够持续集中注意力的时间，注意力造就非凡专家，天才来源于长期的专注的训练。虽说树立崇高的个人理想是重中之重，但是朝着目标一步步迈进的艰难漫长的过程却是更为关键的，这与勤奋努力是不可分割的。

坚持不懈的恒心是成大事者的可贵品质。每个人都有自己的理想，可是并不是谁都能坚持自己的理想一路走下去。只有善始善终的人，才最有可能实现自己的理想。

即使你的目标是功利的、短视的，但如果不过完今天，明日就不会到来。对于心中向往的目的地是没有捷径可以走的。常言道："千里之行，始于足下。"无论多么伟大的理想都是靠一步步，经过一天天积累，才得以实现的。从平凡蜕变成非凡，就是要靠每一步的积累和每一天的努力完成的跨越。

辛勤劳动才是最有意义的事情

稻盛之"道"

劳动丰富了人们的生活。在劳动的环境中，人们实现了彼此之间的交流，从劳动的成果上，得到了更大的满足，比如受到重视、尊重、赞许所带来的心情满足。而现在的年轻人时常会觉得空虚，实际上就是没有真正领悟劳动的意义。

稻盛和夫认为，每个人都或多或少地有着过上不劳而获的安逸生活的欲望，这种想法的本质就是蔑视劳动，忽视了工作是生命的重要历程。劳动是生活的重要组成部分，高尚的劳动应是值得人们信仰的，也是人生的目的。只有辛勤地工作，才能证明人生的价值。

稻盛和夫说，劳动的目的不应仅止于取得粮食，免于饥饿，也是为了磨炼人的心智。如果每个人都能勤奋努力，就能够培养出美好的心智，让人类变得更完美。勤奋的劳动可以锻炼头脑，培养心智，这也是达到开悟之前的必经过程。总之，勤劳工作的人不但能够过上足够温饱的生活，也可以抑制多余的欲望，并磨炼进化自己的头脑和心灵。

大部分人都把劳动作为生存的必须行为，但事实上，在物质日益丰富的今天，人们在得到满足之后的劳动，已经超出了它最初的含义。

员工之"行"

高尔基说过，我们世界上最美好的东西都是由劳动，由人的聪明的双手创造出来的。只有人的劳动是神圣的。歌德也说过，劳动可以使我们摆脱三大灾祸——恶习、寂寞和贫困。

"劳则思，逸生淫"，说的就是劳动会迫使我们思考、学习而有利于社会的发展进步，而求安逸的结果就是社会淫乱产生的重要原因之一。"饱暖生淫欲"，说的也是同样的道理。在人们生活水平大大提高的今天，这些道理就更显得有意义了。让全社会的人保持勤劳、善良、仁厚的种种美德，这才是我们社会的光明所在。

命运掌握在勤勤恳恳工作的人手上，所谓成功，正是这些人的智慧和勤劳的结果。即使他的智力比别人稍微差一些，但他的实干也会在日积月累中弥补这个弱势。

因为勤奋是保持高效率的前提，只有勤勤恳恳、扎扎实实地工作，才能把自己的才能和潜力全部发挥出来，从而在短时间内创造出更多的价值。一个缺乏勤奋精神的人，只能观望他人在事业上不断取得成就，而自己却只能在懒惰中消耗生命，甚至因为工作效率低下而失去了谋生之本。

　　要想成为优秀员工，首先就要比别人付出更多，一个人获得的任何东西都是他事先付出的回报。在付出时越是慷慨，得到的回报就越丰厚，这是公平的游戏规则。身为公司的一员，只有舍得多下功夫，比别人付出更多的辛苦劳动，为自己所在的部门或企业做出成绩，才能得到上司的赞扬和嘉奖，才能得到更多的提升机会，才能更进一步实现自己的梦想。

工作就是自己，自己就是工作

稲盛之"道"

一个人如果没有工作，等于行尸走肉，没有精神，没有灵魂；一旦有了工作，才能发挥生命的潜力，表现出生命的价值。

> 稲盛和夫在他的自传中写道："我在炉窑附近温度适当处躺下，把水管小心翼翼地抱在胸前，整个晚上我将水管慢慢转动，用这种干燥方法防止水管变形。"不管时代怎么进步，干活时自己手上沾泥带油这种方式，虽已不再流行，但若缺乏"抱着自己的产品一起睡"那样的爱情，就无法从心底品尝到成功的欣慰，特别是在向新的、艰难的课题发起挑战并战胜它们时。

稲盛和夫曾说，工作不仅仅是为了使我们的家庭得到温饱，更是为了让我们的内心有充实和满足感，提高我们的心智。全身心投入当前自己该做的事情中去，聚精会神，精益求精，这样做就是在耕耘自己的心田，造就自己深沉厚重的人格。这也诠释了人与工作的最高境界：工作就是自己，自己就是工作。

员工之"行"

爱尔伯特·马德说："一个人，如果他不仅能够出色地完成自己的工作，而且还能够借助于极大的热情、耐心和毅力，将自己的个性融入工作中，令自己的工作变得独具特色、独一无二、与众不同，带有强烈的个人色彩并令人难以忘怀，那么这个人就是一个真正的艺术家。而这一点，可以用于人类为之努力的每一个领域：经营旅馆、银行或工厂，写作、演讲、做模特或者绘画。将自己的个性融入工作之中，这是具有决定性意义的一步，是一个人打开天才的名册，将要名垂青史的最后三秒钟。"

极其出色地完成自己的工作，能否真的让一个人成为艺术家或者天才，这个问题暂且不论，但是有一点是千真万确的：一个人尽己所能、精益求精地完成自己的工作，将自己融入工作，这种觉悟所带来的内心的满足感是无与伦比的。

人生态度决定一个人一生的成就。你的工作，就是你的生命的投影。它的美与丑、可爱与可憎，全操纵于你之手。一个天性乐观、对工作充满热忱的人，无论他眼下是在挖土方，还是在经营着一家大公司，都会认为自己的工作是一项神圣的天职，并怀着浓厚的兴趣。

真心地把一门职业当事业

稻盛之"道"

人的一生只有投入工作，拥有自己的职业，活着才是有价值的。

2009 年稻盛和夫出访中国，在北京大学进行演讲时，他说道："在我 27 岁时，开始经营企业，成立了京瓷公司。当时，我连经营的'经'字都不识，但我心里只有一个念头，不能让公司倒闭，不能让支持我、出钱帮我成立公司的人遭殃。为此，我拼命地工作，常常从清晨干到凌晨，正是因为这种勤奋，才有了'京瓷'今天的辉煌。

"我常想起我的舅舅。战后他身无一文，做起了蔬菜生意。舅舅的文化程度不过小学毕业，不管是盛夏还是严冬，他每天拉着比自己身体大得多的大板车做买卖，被邻居们嘲笑。他并不知道什么是经营，该怎样做买卖，也不懂会计，但是就是凭借勤奋和辛劳，他的菜铺规模

越来越大，直到晚年他的经营一直很顺利。没有学问，
没有能耐，但正是这种埋头苦干给他带来了丰硕的成果。
舅舅的形象深深刻在了我儿时的心中。"

稻盛和夫说，那些把自己一生托付在某种职业或某个领域，
以长期的耕耘一点一滴地累积实力、磨炼技术和自我的人，总是
特别有魅力。例如，专门雕刻寺庙栋梁的师傅，他们的卓越技艺
当然没有话说，而他们从工作中体会到的坚定哲学，培养出来的
具有深度的人格以及高人一等的洞察力等，都会让人感动和
敬佩。

员工之"行"

现在的年轻人从学校毕业以后，对毫不起眼的基层工作总是
觉得不耐烦。他们怀疑这么做是否有意义，并且不愿意全心全意
地投入。

要做好工作，就必须付出百分之百的努力，全力以赴地投入
工作。只有全心全意、尽职尽责地对待自己的工作，将自己的热
情奉献于自己的职业，才能将工作做得更好、更完美，才能显示
出与众不同的魅力，并实现自己的人生价值。

一生专注于工作，每天都聚精会神、全身心投入工作的时
候，低效的、漫不经心的现象就会消失。不管是谁，只要喜欢上
自己的工作，只要进入拼命努力的状态，将一生投入到一个事业
中，就会考虑如何把工作做得更好，就会寻思更好的、更有效的
工作方法。那么，你的每一天都会充满创意。今天要比昨天好，

明天要比今天好，这样不断琢磨，反复思索，就会生出好想法，产生有益的启迪。

并且，拥有自己的一门职业，全心地奉献投入，还能磨炼人的灵魂。没有时间去胡思乱想，铸就美好的心灵。虽然我们并不知晓自己被赋予了怎样的命运，但是这种实践，会形成一种力量，促使我们的命运朝着更好的方向转变。

一个人如果从小伙子做到七八十岁为止，始终坚守岗位不存在二心，这种长期的自我锻炼，会让人散发出不可忽视的存在感与大家风范，十分令人折服。没有人能不脚踏实地地去实行精进，就拥有一身好本领。只要全身心地投入你的职业，就能学到生存的价值，培养人格，散发人格魅力。

第七章
培养自己的经营者意识

信息资源共享更容易让员工心态
平衡，为激发其经营者意识打下良好
的心理基础。

通过沟通，把经营理念内化于心

稻盛之"道"

稻盛和夫指出，经营理念和信息共享是企业走向成功的驱动器，是强大的思想武器。经营理念是一种总的指导原则，信息共享则能引导领导和员工产生一致的行动。一个聪明的企业领导者要学会用经营理念和信息共享提高员工的经营者意识。

刚开始创业时，稻盛和夫与员工之间就明确为一种伙伴关系。刚创业时只有 28 个人，他处处冲在第一线，是研发、制造、技术服务等的排头兵，可以说是阵阵不落。但是公司扩展成了 100 人、200 人、300 人，他再能折腾，再阵阵不落，也忙不过来了。面对如何让企业正常运转、继续发展的问题，稻盛和夫先生想到了中国的《西游记》中的孙悟空。孙悟空一遇险情，就会拔出一把毫毛来一吹，每一个敌手跟前，就都有一个孙悟空在那里对垒。

稻盛就想，我能不能学学孙悟空，也拔出一把毫毛来一吹，每一个业务现场都是稻盛和夫？几个因素的综合，使得稻盛和夫有一天突然产生一个想法：既然我一个人能够管理 100 名员工，而一些中层人员还能管理 20—30 人，为什么不把公司分解成若干小集体呢？何不培养几个经营者来共同管理呢？正是由于这样的思想，他开始在公司里实行"阿米巴经营"。

"阿米巴经营"基于牢固的经营哲学和精细的部门独立核算管理，将企业划分为"小集体"，像自由自在的重复进行细胞分裂的"阿米巴"。以各个"阿米巴"为核心，自行制订计划，独立核算，持续自主成长，让每一位员工成为主角，"全员参与经营"，打造激情四射的集体，依靠全体智慧和努力完成企业经营目标，实现企业的飞速发展。

稻盛和夫指出，企业经营理念是企业与员工的一种契约，经营理念将经营者的信念渗透至企业内部，在员工中相互共享价值，在企业内部营造一种一体感，也就是员工的经营者意识，公司上下产生相互之间的信赖。它确立了企业的主导价值观，决定着企业经营的价值取向和精神追求，是企业生存的灵魂。

稻盛和夫认为，提高员工的经营者意识还需要与员工信息共享。信息共享就要告诉员工真实的信息，以真诚的态度来对待员工，员工也是企业这个团队的一员，信息资源共享更容易让员工心态平衡，为激发其经营者意识打下良好的心理基础。

员工之"行"

培养经营者意识，是理顺企业内部生产关系，实现统一意志，集体奋斗的思想基础，也是充分调动员工能动性，挖掘人才潜力，增强企业凝聚力，提高企业战斗力，以不断适应市场经济需要的重要措施和方略。而一个企业的经营理念和信息共享最能激起员工的共鸣，最能使员工产生归属感和责任感。

企业的经营理念是经营者追求企业绩效的根据，是顾客、竞争者以及员工价值观与正确经营行为的确认，经营理念形成企业的基本设想与发展方向、共同信念和企业追求的目标。如果企业精心营造一种积极向上的组织文化，员工则会自觉不自觉地接受这种团队精神和文化氛围的熏陶，员工更容易融入这个群体。通过企业经营理念的渗透及企业目标的透明化、具体化，员工则更能明白自身在企业的价值以及自己的奋斗目标，更容易获得事业成就感和自豪感。

员工来到企业，总会有所顾虑，待遇与承诺是否相符，自己能不能在企业得到更进一步的发展，会不会得到领导的重视，等等。这就需要企业领导者与员工进行有效的沟通，把公司的相关情况如实告诉他们，让他们迅速、客观了解企业的同时，尽快消除担心与忧虑，做到心里有底。

同时，员工也应该勇敢主动地说出自己的真实想法，员工进入公司后，就已经成为这个团队的一员，就必须全身心地融入其中，在理解企业文化的同时，尽力寻找自己的团队归属感，从心理上把企业当作自己的家，并因此产生主人翁意识。此时的企业也必须处理好公司的内部管理事宜，为员工创造一种家的氛围，使员工潜移默化之中与公司、与同事建立起微妙的情感链——归属感。

把企业当作自己获得成就感的舞台

稻盛之"道"

许多企业疑惑为什么给了足够高的薪水还是留不住人？针对这个问题，稻盛和夫给出了答案：关键还是忽略了企业文化在工作中的重要性，企业应该注意以企业文化引导员工，使其逐步认同企业的工作氛围。企业真诚感谢员工为公司发展付出的努力，让所有员工都拥有一种成就感。以情感和感激来联系企业和员工，从而减少核心员工的流失。

稻盛和夫指出，高薪只是短期内人力资源市场供求关系的体现，而福利则反映了企业对员工的长期承诺。深得人心的福利，比高薪更能有效地激励员工。领导者要善于运用自己的情感去打动和征服下属的感情。同时，管理者应表现对员工的诚挚关心和热情，多从员工的角度来想问题，理解员工的需要。基层管理者更要注意感情的投资，对员工要有深厚的感情，真心实意地关心和爱护自己的员工，增强员工对企业的凝聚力和向心力。

当员工能够不断在企业中获得成就感，那么其对企业就会产生归属感，他自我实现的心理需求得到了满足，就会把企业当作自己的"家庭空间"来看待。

员工之"行"

每个人都希望自己在人生舞台上，事业有所建树，才华得以施展，情感得到尊重，这是所有个人愿景都应包含的。因此，对于这样的个人愿景必须鼓励和支持，平等对待成员中的每个人，彼此尊重，相互包容，形成一种快乐和谐的工作氛围。在这样的团队工作和生活，可使人精神振奋，自身潜能得到充分发挥，使每个成员更加自信，充分体现每个成员的存在价值。

企业发展的关键在于合理使用人才，给人才一个发挥自身才能的舞台，做到人尽其才，才尽其用，使人才有施展才华，发挥作用的机会，否则，施工企业提供的待遇再好，也很难留住人才。企业要根据核心员工的不同特点，依据岗位准入条件，公开公平地选聘人员，通过聘期考核，实行岗位动态管理，使能者上庸者下，吐故纳新，始终保持岗位人员的生机和活力。

在制定团队的发展方向和奋斗目标时，领导者必须充分考虑到员工的个人价值，根据每个人的不同特点，量体裁衣，将他最擅长也最能做好的任务委托给他。这既可促进团队工作的开展，又可使员工的才能得到充分发挥，如此，能让他们意识到，这件事必须由我办，只有我能够办好，使每个员工都突显出个人价值并获得工作成就感，从而在以后的工作中不断实现自我超越。

　　企业是一个员工实现其人生价值的重要场所，因此企业应当
为员工搭建一个事业的舞台，给员工提供完成工作所需要的一切
资源，让每位有能力、有抱负的员工在这个舞台上充分施展，将
员工的希望和梦想和企业的目标联系在一起，使员工真心实意地
为自己的成功、同事的成功和企业的成功而努力。

工心态、企业内部成员关系等所有层面上保持优良状态，才能够始称强大。仅靠某项技术立足的企业，迟早会随着这项技术一道陨落。因此，企业管理者必须摒弃'唯技术论'的经营理念。"

稻盛和夫认为，代表一个企业经营目标的经营理念，以及企业所秉持的经营哲学等看不见的因素与看得见的资源一样，对于企业的繁荣和维系都是不可或缺的重要存在。

员工之"行"

企业的发展壮大，首先是靠技术的发展和创新。企业的发展需要不断更新知识，拓展思路，创造市场，从而达到新陈代谢，维系生命的延续。创新也就是寻求发展，不断打破自我平衡，完善自我的过程，尤其是已取得成功的企业，往往容易满足于现状，沾沾自喜，高枕无忧，直到有竞争对手出现在面前时，才去努力，结果坐失良机，以致被对手挫败、吞并。

员工的心态很重要，企业员工的主动性和积极性才是企业发展的原动力。企业要对每个员工不断提出新的进取目标，让他们对企业具有强烈的事业心、责任感和奉献精神。只有一支高素质的充满创新意识的新型管理队伍，才能为企业不断注入活力，使企业长久不衰。

企业文化也是很重要的部分。优秀的企业文化是中小企业获得发展的重要根基。这是因为中小企业与大企业相比，在资金、设备、人才等看得见的资源方面，均处于明显的弱势。一种诚实守信的企业文化是企业发展的根本,凡不讲诚信的企业没有能生存多久的。企业文化只要能够立足于杰出的经营理念,就必然能够得到企业员工发自内心的认同,并主动采取行动,积极推动企业的发展。而这种企业,员工的主动性和积极性才是企业最宝贵的财富和发展的源泉,并且也只有那些能够不断激发自身员工主动性和积极性的企业,才能跨越不同时代,永远保持兴旺。

员工之"行"

企业需要制定自己的目标。只有明确了目标，才能确定为了实现目标必须开展什么工作，各项工作需要配置何种资源，各配置多少等。如果目标不清，就无法做出决策。

企业的目的和任务，必须化为目标，企业的各级主管必须通过这些目标对下级进行领导，以此来达到企业的总目标。如果一个范围没有特定的目标，则这个范围必定被忽视，如果没有方向一致的分目标来指导各级主管人员的工作，则企业规模越大，人员越多时，发生冲突和资源浪费的可能性就越大。

要全面系统地分析实现既定目标的有利条件和不利因素，或者说，存在哪些方面的机会与威胁。然后，依据上面的分析，确定实现既定目标的战略措施和战略步骤。那些选择起点高、规模大、投资多、周期较长的行业的商家，因为面临的风险较大，掉头改行又不容易，所以，尤其要认真做好企业长远战略规划工作。

目标的实现者同时也是目标的制定者，即由上级与下级在一起共同确定目标。首先确定出总目标，然后对总目标进行分解，逐步展开，通过上下协商，制定出企业各部门、各车间直至每个员工的目标，用总目标指导分目标，用分目标保证总目标。

从积极的角度看待劳资关系

稻盛之"道"

当稻盛和夫被问到如何提高企业员工的积极性,如何使员工齐心协力为企业出力时,他指出,不要以旧观念使劳资双方对立,领导者在经营企业时要学会为员工着想,也就是他自己经常说到的"利他",只有你以新的观念看待劳资关系,认识并且肯定员工的工作,才能得到员工的敬重和信任,这样才能建立和谐的企业内部经营氛围,员工才能为了企业而努力工作。

2008年,稻盛和夫在一次"盛和塾"合同例会上的讲话中提到,20世纪70年代,随着战后日本经济的高速成长,京瓷员工工资也以每年20%、25%的比例大幅上升。但到1975年,由于遭受石油危机的冲击,京瓷的销售额、利润都大幅下降。在这种状况下,再维持很高的工资上升率,就必须提高产品的销售价格,这样京瓷就会失去竞争力,拿不到订单,陷入困境。于是我直率地对京瓷的工会讲:"今年的加薪有困难了,暂时搁置

第八章
作为领导要舍私利行正道

　　员工是企业主体，企业要想真正发展壮大，绝不能通过牺牲员工利益来获得利润。

得他人衷心的理解、关心和支持，创造真实、稳固、和谐的人缘。

对于企业领导者来说，具备智慧、幽默、乐观、进取、正直、公平、宽容、有爱心等个性品质，将创造出一种独特的风格把其他人吸引到你身边，凝聚在你周围，营造一个活力化的、充满人情味的、可信赖的氛围，并以此来激励下属潜能的发挥，提高工作效率。

因此，企业领导者要积极参与各种领导活动，主动接受挑战，在实践中增长才干，锻炼人格；要经常与人沟通思想，感染他人，教育他人，鼓舞他人；要从小事做起，探寻和创造建立良好人缘的切入点；要定期反省自己的人缘发展状况，及时总结成功的经验和失败的教训，虚心听取多方面的意见，及时发现和改正自己的缺点；使用反对自己的人，鼓励他人批评和监督自己。

只要领导者用爱心和榜样的力量去感化人，用尊重和理解的方法去帮助人，用能力和积极的品格去影响人，用设法提供舞台和机遇去吸引人，那么，他就一定会成为一个有着强烈的吸引力和感召力、深受下属和群众拥戴的领袖人物，就能拥有令人钦佩的人格魅力。

含蓄而不露锋芒

稻盛之"道"

稻盛先生认为，任用人才，要善于体察小人的所思所想，善于利用他的优势才能，但是决不能将重任委于小人，不能让小人占据领导职位，不能将其置于高位，要让具美德而不露锋芒者居高位。

稻盛和夫回忆他年轻的时候说道："在我年轻的时候，我知道了中国的一句古话，'谦受福。'不谦虚就不能得到幸福，能得到幸福的人都很谦虚。从京瓷还是中小企业的时候起，我就崇尚谦虚。公司经营顺利，规模扩大，人往往会翘尾巴，傲慢起来，但我总是告诫自己，绝对不能忘记'谦虚'二字。"

"谦受福"是一句非常重要的格言。在这个世界上，有些人用强硬手段排挤别人，有些人锋芒毕露、才华尽显，看上去也很成功，其实不然。真正的成功者，尽管胸怀火一般的热情，有斗志、有斗魂，但他们同时也是

不要让下属做出自我牺牲

稻盛之"道"

稻盛先生多次强调，员工是企业主体，企业要想真正发展壮大，绝不能通过牺牲员工利益来获得利润。

"敬天爱人"是京瓷的社训，也是稻盛和夫经营哲学的核心概念。"敬天爱人"一语取自他最尊敬的日本明治维新领袖人物西乡隆盛。"敬天"可以说是对自然、对人力以外的事情要有敬畏之心，要按事物的本性做事；"爱人"就是利他。"他"既是客户，也包括顾客、员工、利益相关者和社会。所以京瓷一直以来都坚持着追求全体员工物质与精神两方面幸福的同时，为人类和社会的进步与发展做出贡献的经营理念。

稻盛和夫说："京瓷公司不是显耀稻盛和夫个人技术的场所，更不是经营者一个人发财致富的地方，而是要对员工及其家属现在和将来的生活负责，京瓷公司应该成为全体员工共同追求幸福的场所。"

此后，稻盛和夫将"在追求全体员工物、心两面的幸福的同时，为社会的进步发展做出贡献"作为京瓷的经营理念。因为企业作为社会一员必须承担相应的社会责任，所以这后一句也必不可少。可以说，这种"利他"的经营理念为京瓷的腾飞打下了基础。

1971 年，京瓷在大阪及京都证券交易所成功上市，在此过程中，稻盛和夫毅然放弃了将从前创业者所持有股份拿到市场上出售的方式，而选择了以发行新股的方式上市。"那是一个分水岭，我认真思考了企业与经营者的真正含义，所以哪怕放弃个人利益，也要谋求公司发展。"事实证明，他的这一决定对京瓷的进一步发展起到了巨大的助推作用。

在管理和培养人才方面，"以德为本"是稻盛先生非常重要的管理哲学。在他的经营哲学中，他频繁提到的一点就是"利他"。"利他"要求经营者或管理者在企业经营管理时要照顾到员工的利益，不能为了企业而牺牲员工的利益，这样才能赢得员工的信任和支持，才能激发员工的工作热情，员工才会以最大的限度为企业尽力，员工的才智才能得到最大的发挥，企业便能在竞争中立于不败之地。

员工之"行"

无论是摩托罗拉"对人永远的尊重"，还是业界有名的"惠普之道"，都告诫企业需要做到以下的事情：真正将员工当作一

盛每次都手持酒杯走到大家中间，询问工作和现实问题，坦诚说出自己的看法和观察，提示解决问题的方法。

稻盛与一线员工的密切交流，对激励京瓷的团队士气起到了至关重要的作用。每个员工都有目共睹，稻盛为员工物质、精神两方面的幸福殚精竭虑，倾尽全力，超脱私心，让企业拥有大义名分，因此，员工工作起来也就格外具有创造力。

就像稻盛先生说的那样，"灵感大多都来源于市场一线"。因为身居一线的业务员和导购员最了解消费者的需求。以此可以看到，身居一线是企业领导们利用熟悉市场的优势，完善企业管理体系，将企业做大做强的不二法门。

员工之"行"

在传统的企业金字塔式管理模型中，企业领导往往根据通过层层汇报上来的市场信息进行决策，然而这些信息往往有遗漏、偏差。此外，由于人对信息的选择性知觉，在信息传递过程中，人们往往会选择对自己有利的信息，而舍弃对自己不利的信息，他们往往有可能忽略掉对于领导准确把握市场真实情况非常重要的信息。如果领导者身居一线，这一问题能够获得较好的解决。因为领导者身居一线，可以站在全局的高度，及时地纠正营销管理中的短视行为，找到短期利益和长期利益之间的均衡点。快速获知竞争信息，方能超越领先对手。

企业的目标就是创造顾客价值，通过创造顾客价值来获取利润及达成其他目标。然而，最能体现顾客价值的前沿阵地在一线业务，一线业务的创新往往是被有意或者无意地忽视掉，但如果领导们能有意识地把它重视起来，那可能会开创出一条新路，也可能是企业后来居上的一大法宝。

知己知彼，百战不殆。身居一线，领导者可以从竞争对手的终端见微知著，获知对手的动向，快速有效地见招拆招；身居一线，领导者可以更快、更好地协调各部门的行动，以实现统一的战略目标；身居一线不仅可以监督战略执行情况，而且还可以鼓舞士气，了解客户和消费者的需求和反应，及时对战略进行调整；身居一线，领导者可以更好地了解员工、贴近员工、体察民意，无形之中缩短了与员工之间的距离，增进了领导和员工之间的感情，增强了员工的归属感。

自持，磨砺品行，高风亮节，体恤下属，下属员工自然会昂首仰视，其形象定会高大伟岸，可亲可敬，即使这个领导人才如众，人们也会敬重三分。良好的品德可以影响身边的人，正如稻盛引用孔子"其身正，不令而行；其身不正，虽令不从"的话所折射的道理。

作为一个有德的领导者，就要拥有常人所没有的气量、胸怀，能让那些和自己意见相同的人，甚至那些反对过自己的人，都追随自己。要能依据周围每个员工的特点，发挥员工的长处，调动员工的积极性和创造性，努力营造"众人拾柴火焰高"的企业发展新局面。

作为一个有德的领导者，要能求大同存小异。不能用苛刻的同一标准去度量和要求身边的人。作为领导者，要学会换位思考，绝不能居高临下，俯视众生，唯我独尊，一意孤行，要耐心地听取各个部门的不同见解，深刻地分析其中的利弊，求大同存小异，做出有利于企业发展和不违背员工利益的决策。

作为一个有德的领导者，要善于从细节小事关心员工下属，了解他们生活上的冷暖安危，放下架子，俯下身子，真心实意地给他们以足够的尊重和关爱，切实让员工感觉到你的真诚和关心，长此以往，自会得到员工的信任和支持。

"德高望重""上善若水""厚德载物""德行天下"，这些耳熟能详、脍炙人口的古语，承载的是几千年来中国人对优秀道德情操的美好向往。在现今激烈的竞争环境中，只有企业领导人具有道德感召力，才能带动员工，激发员工的工作热情和积极性，才能以德聚人，吸引人才。

第九章
领导者要灵活且公正

一个企业成熟的考核机制不在于各项规章制度，而在于对手下员工的关注程度，要因人而异，时时创新，想出更能提高员工积极性的办法。

法。企业中，人的行为是组织与个人相互作用的结果。通过企业
的组织变革和创新，改变人的行为风格、价值观念、熟练程度，
同时能改变管理人员的认识方式。可见，领导者不应只依赖各项
规章制度，只有这样，企业的经营才能蒸蒸日上，取得最优的
效益。

领导者须保持一颗谦卑的心

稻盛之"道"

一个成功的领导应该具备怎样的态度呢？

稻盛先生说，一个领导者应该具备这三种心态，即乐观的心态、好胜心及谦卑的心。在稻盛先生的生命中，他一直认为，任何人所拥有的一切，与浩瀚无际的宇宙相比，都只是沧海一粟，微不足道。不管是普通人，还是至尊圣人，在浩瀚的宇宙中，都要学会谦卑。作为领导者也是如此，领导者之所以要随时保持一颗谦卑的心，是因为权力与权威会使人道德沦丧、骄矜自大，或以高傲姿态面对众人。不管你有没有做好准备，今天所拥有的一切，某一天都不会再属于我们，不管我们拥有什么、拥有多少、拥有多久，其实拥有的不过是那一瞬间。在激烈的市场竞争中，更是如此，可能今天还是个百万富翁，明天就变成了街头乞丐。因此，无论何时何地，我们都应保持一颗谦卑的心。

享、为人谦卑。

一个时刻保持着谦卑心态的领导，他的下属愿意和他交流自己的想法，愿意向他提建议或是指出新的方案实行中他们认为的可能出现的错误，并及时补救或是改正，使得企业的损失降到最低。这样企业的效率也就提高，企业利润也随之提高。

不要被所谓的"常识"束缚了手脚

稻盛之"道"

应该成为怎样的领导者？领导者应该具备哪些特质？应该怎样领导员工才能使企业的收益增长？稻盛先生告诉我们，作为一个领导者，首先最重要的是要有全局观念，必须着眼于全局，要看到商业竞争的大环境、大趋势和自我整体态势，领导者要学会调整各种大目标和各种小目标之间的高度，使它们拥有统一性和发展的协调性。做到这些，重要的一点是领导者必须摆脱常识的束缚，能够激励团队不断突破进取。

稻盛先生在鼓励团队不断突破进取时，举了这样一个例子。

他说，很多公司的赢利率常年维持在 5%，不论经济大环境是良好还是恶劣。因为，经营者认为 5% 这个获利点是不可攻破的。当收益达不到这个数字时，他们会积极采取行动将赢利拉回到这个水平。但是这样一来，利润虽然稳定，却永远无法突破这个数字了。这些经营者在无形中已经将 5% 这个数字设定成了一个玻璃天花板，从未把赢利目标定在 10% 甚至更高。当经济环境大好，只要稍加努力就能提升赢利率的时候，他们也不会再想向高处攀登了，也就不会创造出惊人的佳绩。

稻盛先生所说的这些事例，都是在告诉他的团队：我们要成为世界一流的陶瓷公司，就不能止步不前，必须要敢想敢干，力求突破。京瓷公司能够创造几十年不亏损、保持强劲的发展动力的佳绩，正是因为他们不受常识的束缚，从未停下突破进取脚步的结果。

员工之"行"

在企业发展的过程中，必然会遇到一些新问题、新情况。能否打破陈规旧俗和一切束缚人们前进的旧传统、旧观念，能否适应新情况、解决新问题，是决定领导者能否客观有效领导的一个重要方面。具有开拓创新精神是对领导者的基本要求。

领导者在管理和领导企业员工时，只有打破常识的束缚，挣脱常规观念的约束，不墨守成规、因循守旧，锐意改革，开拓进取，迎接挑战，勇于引进或创立新的理念、方式或流程，精益求精工作学习要领，并致力于建立一种鼓励员工创新的工作环境，才能使企业在激烈的市场竞争中存活。同时企业领导者要具备对新环境、新事物、新问题敏锐感知的能力，善于捕捉信息，加工出新设想。

领导者只有时时都有创意，并激发员工去想一些新点子，不断地在新的领域中挑战自我，才能聚集能量，使潜力得以在瞬间爆发，驱使自己的企业迈向成功，否则，企业和社会的未来将一片黯淡。只有领导者真正摆脱老框框的束缚，敢想、敢说，不断探索新世界的奥秘，然后再将这种气质传递给下属员工，使得他们提高工作业绩和工作效率，才能最终提高企业的收益，使企业发展壮大。

秉持公正与勇气

稻盛之"道"

秉持公正，是稻盛先生的一种成功理念：不论你是什么关系，不论你是什么岗位，不论你曾经做过多大贡献，不论数额多少，如果一旦发现你犯了无法挽回的错误，而且是带有人格污点的错误，你就得退出公司；而如果你做出了贡献，不管你是处于什么位置的，都能得到公司全体员工的祝福和公司的奖励。这就是一个领导者需要秉持的公正和勇气。

稻盛先生指出，为了保持员工对工作的希望与热情，在面对表现不佳的员工时，公司除了采取协助的行动，给予员工改进的机会外，也要顾全员工的面子。例如，将员工更换到其他职务时，所抱持的态度是，帮助他找寻更能发挥他长处的方法，而不是给予他的惩罚。同时，领导人要有勇气做出不受欢迎的决策与言人所不敢言。很多时候必须做出困难决定，如解雇员工、削减专案计划的经费等。面对员工的抱怨与抗拒，领导者要耐心聆听与亲自解释清楚，但要勇往直前。

其实，秉持公正与勇气是一种企业经营文化。优秀的企业文化，可以不断聚集更多的优秀人才，并且能够使他们在企业里同化，快速成长，充分发挥他们的才能。领导者秉持公正与勇气，可以为企业文化建设营造一种良好的内部环境，从而吸引更多优秀的人才。只要一直坚持把"公正与勇气"的企业文化作为企业制定各项制度、决策及用人的标准，视为企业发展的灵魂，使它像血液一样渗入到企业的每一条血管，甚至是微血管，它就能成为企业翱翔的翅膀。

员工之"行"

如果没有全体员工的积极支持和参与，即使绝顶聪明的人也难以独自驾驭企业取得成功。所以，作为企业领导人，首先要让员工对自己的企业和工作产生信心，而要使员工产生信心，需要领导者秉持公正与勇气。这样才能像交响乐团指挥演奏出美妙和谐的交响乐那样，能组织、协调、指挥众人团结合作，共创企业未来的优秀企业家，才有可能取得成功。要让大家产生信心，首先要培养一种共同实现企业目标的理念，这种共同理念是一种无形的推动企业前进的巨大力量。

企业经营者需要拥有公正与勇气。每名员工都有相同的机会追求成功，如果有人表现好，领导者就应站起来鼓掌；如果有人表现差，领导者就应如实给予他相应的处理。

除此之外，公司领导者要以身作则，秉持公正和勇气，并且鼓励各个部门做到公平，这样才能吸引人才上门。秉持公正与勇气，就使得企业形成水一样无穷力量的企业文化。像水可以穿石，冲破千山万仞一样，这种企业文化可以在各种情况下使得企业战胜各种挑战，面对各种危机，最终使企业发展强大。

第十章
成功是能力与态度的结合体

认真、拼命、努力工作，这些看似平凡，却是我们成功的真谛。

清楚自己的缺点并极力弥补

稻盛之"道"

稻盛认为能力仅是实现成功的一个要素，而且并不是排在第一位的。还有其他精神方面的因素对于结果有更深刻的左右力量。

> 稻盛和夫认为：工作结果 = 思维方式 × 热情 × 能力。稻盛和夫一直以这个计算方法作为事业发展的思想基石，用得分高的因素去尽力弥补因为缺点而导致低分的因素，两者相乘，最后的结果未必不好。

高智商的人在能力这一项上可以得到90分，但是他骄傲自大、不屑于努力，只有30分的热情，两者相乘，只得到2700分。相反，一个人可能资质平平，没有接受过高等教育，在能力上只能勉强达到60分的水平；但是他能够认识到自己的不足，用认真和努力去弥补，以90分的热情投入到工作中，那么，他的得分就是5400分，同前者相比，多出了足足一倍的成果。

员工之"行"

我们在工作和日常生活中也是一样，在市场竞争中，如果实力不足，就用诚意去感动客户；在学业上，如果智商平平，就用汗水来弥补、争取好的成绩；在待人接物时，如果不善言谈，就用行动说明一切。总之，我们首先要有认清自身缺点的诚心和虚心，还要有极力弥补缺点的恒心和决心，能做到这些，成功也就不远了。

歌德曾说过："一个目光敏锐、见识深刻的人，倘若又能承认自己有局限性，那他就离完人不远了。"芸芸众生之中，能够达到或者接近"完人"境界的人，少之又少。人，最难的就是有自知之明。清楚明白地知道自己的缺点、敢于承认自己的缺点，不是一件容易的事。

如果你对自己的优缺点有清楚的认识，明白自己能做到哪种程度，那你就会目的明确地利用你的时间和精力，效果就会更加显著。西方哲学家卡莱尔说："人生最大的缺点，就是茫然不知自己还有缺点。"

俗话说："金无足赤，人无完人。"我们身上都有优点，也都有缺点。面对缺点，既不能自以为是、无视缺点的存在，也不能畏缩不前，被缺点束住手脚。摆正心态，用一颗平和宽广的心去发现缺点，并努力去克服、去弥补，唯有这样，个人才能进步，企业才能发展。

永怀乐观向上的心态

稻盛之"道"

稻盛先生相信：我们无法选择出生于什么样的年代，我们也无法改变整个社会和所有人；但是，我们可以选择对待生活的态度，我们可以改变自己的思考方向。

稻盛在一次记者会上谈及领导者心怀乐观向上态度的重要性。

"领导者的态度对于组织来说极为重要，不管他的态度是消极的还是积极的，都将对组织的生产力、员工、客户和投资方产生直接的影响。领导者必须保持乐观向上的心态，才能坚定继续前进的决心，才有面对危机的勇气。"

"在经济萧条时，领导者的乐观心态就更为重要。以一颗乐观的心去接受现实，并冷静地制定策略去改变现实或者改变被动的局面，相信一定有否极泰来的一天。领导者只有乐观、冷静、沉稳，才能带领整个组织朝着正确的方向走。"

有记者问及稻盛，这种乐观的概念是否可以应用在日常生活中，稻盛引用了作家罗伯特·舒勒在《成功无终结，失败非绝对》一书中的话：

"对人生保持正面的看法是成功的先决条件。"

稻盛先生说，永怀乐观向上的心态，相信人生终将如你所愿，这是很重要的。从期待一个好的结果开始，不是很好吗？

在风云变幻的商海沉浮中，稻盛先生之所以能成为日本乃至世界家喻户晓的经营大师，其中不可缺少的条件就是乐观向上的心态。

快乐的心才能使成功到来。即使是在工作的最低谷，也要保持乐观向上的心态，将心中的疑虑、失望、自暴自弃统统清除，坚信只要坚定不移、奋起拼搏，逆境和痛苦终会过去。

员工之"行"

PMA 黄金定律是积极心态的缩写——Positive Mental Attitude。它是成功学大师拿破仑·希尔数十年研究中最重要的发现，他认为之所以造成人与人之间成功与失败的巨大反差，心态起了很大的作用。积极的心态是人人可以学到的，无论他原来的处境、气质与智力怎样。

拿破仑·希尔还认为，我们每个人都佩戴着隐形护身符，护身符的一面刻着 PMA（积极的心态），一面刻着 NMA（消极的心

态）。PMA 可以创造成功、快乐，使人到达辉煌的人生顶峰；而
NMA 则使人终生陷在悲观沮丧的谷底，即使爬到巅峰，也会被
它拖下来。因为这个世界上没有任何人能够改变你，只有你能改
变你自己；没有任何人能够打败你，能打败你的也只有你自己。

　　工作首先是一个态度问题，是一种发自肺腑的爱，一种对工
作的真爱。工作需要热情和行动，工作需要努力和勤奋，工作需
要一种积极主动、自动自发的精神。无论自己的工作多么平凡，
都要保持良好的心态，享受工作带给自己的乐趣。只有以这样的
态度对待工作，我们才可能获得工作所给予的更多的奖赏。

凭一股傻劲儿向前冲

稻盛之"道"

稻盛先生认为，认真、拼命、努力工作，这些看似平凡，却是我们成功的真谛。

就算你很讨厌自己的工作，也请再撑着点看看。务必要下定决心，以正面积极的态度去做事，凭一股傻劲儿向前冲。这将会形成你人生的一大转机。

员工之"行"

乐观地对待自己的工作，是工作顺利的条件。期望过高或总是感到不如意，其工作反而不顺利，进而产生悲观失望之感，处于一种恶性循环的情绪与行为之中。

在海尔艰难的时候，在众人都看不到希望的时候，张瑞敏有没有动过"放弃"的念头，我们不得而知。我们看到的是他冲破了一切压力，凭一股傻劲儿向困难挑战，带领海尔走到了今天，走向了世界。

当你在乐趣中工作，如愿以偿的时候，就该爱你所选择的工作，不轻言变动。如果你开始觉得工作压力越来越大，情绪越来越紧张，感受不到工作中的乐趣，没有喜悦的满足感，就说明有些事情不对劲了。如果我们不从心理上调整自己，即使换一万份工作，情况也不会有所改观。

最后攀上顶峰的全都是有傻劲儿的人。从这个意义上讲，成功的职场人士都有一股傻劲儿，在面对困难时，不畏惧挑战，不认输。

以道取胜而非以术取胜

稻盛之"道"

阴谋诡计终不能长久，攻于计谋者终为计谋所误。在稻盛先生看来，靠着计谋取得的成功终难长久。

> 稻盛先生认为，正如人生需要策略一样，企业经营中也需要策略；但是，这是指企业在正确的轨道上进行自我规划和发展的战术战略，而不是不择手段地用阴谋诡计打击对手。处心积虑、费尽心思去给竞争对手设置圈套，可能一时会得利；但是对方也一定以其人之道还治其人之身，用陷阱回敬。如此一来，先前得到的一点小成功可能毁于一旦不说，还很可能陷入无尽无休的诡计大战中，最终在这种不良竞争的泥沼中越陷越深。

商场如战场，在残酷的市场竞争中，胜者为王、败者为寇就是潜在的规则。为了生存，更为了发展，人人都想方设法在竞争中获得有利位置，其中一味追求自身利益而不惜耍手段、玩阴谋诡计的人并不少见。在"生存"大旗的掩盖下，用些狡猾甚至卑劣的办法进行"自我保护"好像都成为正大光明的事情了。商海沉浮几十年，稻盛先生对此却不以为然。

也许，耍一些狡猾的"策略"确实能够快速地获得想要的成功；但是，这样的成功绝不会长久。考试作弊不用吃复习的苦，很容易就能得到高分数，可是该学的知识还是没学会，将来需要用到这些知识的时候你就会发现骗来骗去骗的是自己；在职场中钩心斗角争夺升迁的机会，走后门、攀关系、行贿赂确实能够帮助你成功斩获高职位，但是世上没有不透风的墙，就算人在高位也得不到下属的尊敬和上司的信任。

有时，用点"策略"走捷径确实能够更快地抵达成功；不过，踏踏实实地走正道，可能是有些绕远，却能够保证成功的稳定性。做人做事，都要谨记一个道理：人间正道是沧桑。

员工之"行"

在职场中，我们总是会不可避免地遇到这样那样的困难，面对随时都可能出现的挑战。为了达到我们的目标，我们通常都会制定一些策略来应对困难和挑战，描绘我们人生的发展愿景、制订实践理想的计划和步骤、思考克服障碍的方案等，这样的策略在生活和工作中是必要的，也是重要的。

但是，不乏有些急于求成、自认聪明的人，耍花招、玩阴谋、走"捷径"，以此来达到目标。这样的人最终是否能够保持成功呢？

在一些公司经常出现这样的情况：员工经常牢骚满腹，抱怨老板的苛刻和公司制度的严格，而不愿兢兢业业、尽心尽力地工作，一会儿工夫就要偷懒或投机取巧，没人监督几乎就不能工作。

一般人都有正常的能力和智力，但很多人为什么没有获得成功呢？很大一部分原因就是他们习惯于违背规章、投机取巧，并且不愿意付出与成功相对应的努力。他们渴望到达顶峰，却又不愿走艰难的道路；他们渴求胜利，又不愿为胜利做任何一点牺牲。投机取巧和违背规章都会令人退步，只有努力而勤奋踏实地工作，才能给自己带来成就感，并为个人的职业发展打下良好的基础。投机取巧者半途落马，暴发户终究成不了真正的贵族。

第十一章
信念是我们前行的保障

因为我相信自己，相信自己能够成功。

我们无法致力于连自己都不相信的事

稻盛之"道"

一直强调信心、热情的稻盛先生对于他的成功给了我们这样的答案:"因为我相信自己,相信自己能够成功。""相信自己能行",稻盛先生的这个理念也是从"经营之神"松下幸之助先生那里学到的。

大概在 20 世纪 60 年代的时候,稻盛和夫去听了松下幸之助题为"企业管理的贮存法"的演讲。松下幸之助说:"经营企业一定要善于做好贮存工作,就像是一个蓄水池需要保持一定的蓄水量一样。"

在自由提问环节时,一位听众站起来说:"松下先生,我非常赞同您的这个观点。可是,我总是缺少资金。在资金缺乏的情况下,我要怎么样进行贮存呢?"

松下先生笑着对这位听众说:"这个问题我也解答不出来。但是,你还是要相信贮存的重要性,总有一天,你要用到它的。"

听到这样的答案，大家都感觉好笑；但是有一个人很认真地记下了这些话，他就是稻盛。他从中听出了这样的道理：我们一定要相信，事情是可以做到的。

稻盛先生如果不相信他能够成功，就不会创立京瓷公司，就不会带领着京瓷跻身世界一流公司的队列中，也不会成为今天的经营大家了。

唯有相信，才能有梦想成真的那一天。稻盛和夫的这个理念，影响了成千上万的人。如果你现在也在为梦想努力，如果你也有想要放弃的时候，那么请在心里记住这样一句话吧："我相信我可以，我一定能做得到！"

员工之"行"

如果我们总是对自己说："这简直是异想天开！这件事情根本不可能完成！我根本做不到！"那么，就真的永远做不到了。我们无法致力于连自己都不相信的事情，既然不相信，就难以有持久的动力；既然不相信，就没有对抗各种困难的决心；既然不相信，又何来开拓创新的勇气呢？

坚定的自信力，便是伟大成功的源泉。不论才干大小，天资高低，成功都取决于坚定的自信力。相信能做成的事，一定能够成功，反之，不相信能做成的事，那就绝不会成功。拿破仑在率领军队越过阿尔卑斯山的时候，如果坐着说："这件事太困难了。"无疑，拿破仑的军队永远不会越过那座高山。所以，无论做什么事，坚定不移的自信力，都是达到成功所必需的和最重要的因素。法国有一位著名的心理学家伊尔·索尔芒，他调查了全世界 18 个贫困的国家，得出来的结论是：人类最大的敌人不是灾祸，不是瘟疫，不是令人憎恨的战争，而是自己——自己的懦弱、自己的虚荣、自己的恐惧。自己都不相信自己的时候，你就什么都完了！

成功与失败只是一线之差

稻盛之"道"

稻盛先生曾多次告诉人们：要时刻保持危机意识。就像那句流传在海员中的俗语所说："水手和死亡的间隔，只有一块甲板的距离。"稻盛先生在一次讲座中谈到了"危机"这个话题。

稻盛说："在豪华巨轮上的乘客和在简陋船板上的人，对危机的想法难免会有不同。但是，如果没有忧患意识，危机却不会对他们区别对待。"

在残酷的市场竞争中，如何能够使企业保持发展力，如何能够规避那些威胁企业的暗礁，稻盛有自己的原则和做法。

"我做事的原则就是，在晴天修屋顶，永远不等到雨天。不论市场如何变化，我都坚持在企业中储备一定的现金。有了雄厚的积累，再遇到危机，我都有体力支持下去，找到机会，转危为安。"

稻盛先生的做法，其实就是中国古语中常说的"未雨绸缪"。时刻保持危机意识就会迎来"生机"，没有危机意识就会面临"杀机"。

员工之"行"

不论是国家、企业，还是个人，未雨绸缪、保持危机意识，都是规避危机的最好方法。和稻盛一样，许多成功的大企业家都认为危机意识不可少。比尔·盖茨曾经说过："我们离破产永远只有 90 天。"许多知名大型企业都在增强危机意识方面下了功夫。如果一个企业没有危机意识，那么这个企业在经济全球化的浪潮中，如何经得起一次又一次的挑战呢？

世界上最大的航空制造公司——波音公司，为了增强员工的危机意识，别出心裁地摄制了一部模拟公司倒闭的电视片。波音公司将这部电视片反复播放，员工们都受到了巨大的震撼，激起了公司上下的危机感。员工们在危机意识的推动下，不断开拓创新，使波音公司一直走在世界前列。

企业也好，作为个体的人也好，要想不被打垮，永远立于不败之地，就必须时刻保持危机意识，居安思危，防患于未然。

如果连危机意识都没有了，那么危机就会像潮水一样铺天盖地地向你袭来。危机并不可怕，只要准备充分、调整好心态、应对得当，危机也会变成生机；丝毫没有危机意识，才是最大的危机。

把目标定得略高于极限

稻盛之"道"

稻盛先生相信人的能力是可以无限延展的，要用"将来时"看待能力，而不是"现在进行时"。稻盛先生就是用这样的方法使他的京瓷公司走上了成功之路。他说过："在设定目标时，要根据你未来的能力来定，而不是着眼于现在的能力。不要觉得目标高就是不切实际，我们现在做的很多工作，在三五年前看来，不也是抱着怀疑的态度说'不可能''完成不了'吗？但是现在看来，只不过是简单的工作而已，因为我们的能力已经发展到了能够完成这些工作的程度。"

京瓷公司刚成立初期，最开始生产的产品是提供给松下电子工业的用于电视机显像管上的绝缘零件。为了让公司摆脱只生产单一产品的经营危险，稻盛决定开拓业务范围。他多次向东芝、日立等大型电子企业进行宣传，称京瓷拥有高新技术，能够生产新型陶瓷绝缘产品。稻盛的这个办法并没有奏效，因为这些大企业都有长期合作的陶瓷厂家，况且，京瓷当时还是一家名不见经传的小企业，大企业的工程师们，谁也不放心把订单交给稻盛。

于是，这些工程师们就会问："既然你们有这种新型陶瓷的制作技术，那么这样的产品你们可以吗？"他们给出的都是其他陶瓷厂家不肯接受的高难度、高要求的产品订单。稻盛面对这些订单都十分肯定地回答："我们可以！"

他的做法让京瓷的员工们感到十分费解，明明是不可能做到的事情，为什么要接下这样的订单？稻盛自己也很清楚，以京瓷当时的技术实力确实不太可能完成这些订单的高难度要求。但是，如果说做不出来，京瓷从此就不会再有大客户，企业的前途堪忧；既然答应能做，就必须做出来，否则得到的也将是永远失去这些客户的结果。

京瓷当时既没有相关经验，更没有技术和设备。员工们反问稻盛："连设备都没有，怎么可能做得了？"

稻盛鼓励他们说："没有设备，我们可以去买二手设备来用；就技术来说，我们确实是难以胜任，可这是现在的情况；只要我们肯努力，只要我们全心付出，在未来，我们一定能够达到目标！打起精神来，加油吧！"

定下高目标，再想方设法、不遗余力地去为之拼搏，京瓷的技术就这样一步一步提高起来，知名度也因此而不断提升，从而成就了京瓷的"世界一流"梦想。

稻盛先生的做法是一个提高能力的好办法，根据自己现在的能力，大胆设想未来某一时间点的能力，始终把跨栏设定在比自己现有能力高两三成的高度，定下目标之后，就全力以赴，不达目标决不放弃。

当然，目标并非定得越高越好，目标远大也要有一定限度，如果目标太过遥远，会令员工望而生畏，失败次数多了势必会影响团队士气，两三成的高度也许是比较合适的。这样的目标既能够避免绝对失败带来的消极影响，又能够促使团队努力奋进、不断进步，进而朝着更高的目标循序渐进地进发。

稻盛的做法是，把远期目标定得适当高一些，然后将远期目标分解成一个一个可以分阶段完成的小目标，每当完成一个小目标的时候，就增加了一份成功的信心，也就离成功更近了。

员工之"行"

无论是在人生旅途还是在实际工作中，如果没有目标，就像在大海中航行，你都不知道目的地在哪里，那就只好遭受漂泊迷失之苦了。你必然要经过一个长期的摸索过程，这样工作的效率就会十分低下，执行力会大大降低。

美国通用公司的前董事长罗杰·史密斯在进入通用工作一个月后，就告诉他的同事，"我想我将成为通用公司的董事长。"当时他的上司对这句话不以为然。然而罗杰却执着于自己心中的目标，他将这一目标又逐步分解为一个个可以实现的小目标。令这位上司没想到的是，若干年后，罗杰·史密斯真的成了通用公司的董事长。

假设你的能力可以达到 10，而你在设定目标时只定在 9 或是 8，以此来保证自己一定能够达到目标。长此以往，你确实是可以达到预期的目标了，可是能力却止步不前，甚至会倒退，长久不去做完成 10 这个标准的目标，久而久之也就消磨了原本能够达到 10 的那些能力。反过来想，如果你的能力是 10，你在设立目标时总是比 10 高，而且付出更多的努力去达成，那么你今后的目标就可以越来越有挑战性，你的能力随着目标的升高而提高，你自然会逐渐进步。

因此，不管你在什么行业，不管你有什么样的技能，也不管你目前的薪水多丰厚、职位多高，你仍然应该告诉自己："要做进取者，我的位置应在更高处。"当然，这里的"位置"是指对自己的工作表现的评价和定位，不仅限于职位或地位。

宁可损失也要坚持到底

稻盛之"道"

不论在何时何地遇到何事，宁可损失也将原则坚持到底，也许一路走来会经历许多坎坷、损失很多小利，但是最后却往往能够带给我们更大、更稳定和更长远的利益。

京瓷公司在经过艰苦卓绝的创业阶段之后，规模逐渐扩大，实力越来越强，积蓄了大量的现金存款。

当时，日本的泡沫经济还没有完全消退，很多企业争先恐后地投资房地产。只要将土地从这边转到那边，转让一下所有权，就能使资产不断升值，这样的好事谁都不想落下。一些实力不是非常强大的公司不惜从银行借贷巨款投入到房地产的投资当中。

在投资房地产的狂潮中，京瓷公司手上的大额现金储备招来了许多银行和投机者，他们劝说稻盛和夫加入房地产投资的大军。稻盛认为投机得来的利益不会长久，坚决不同意，以至于有些银行的人以为他没有理解其中的巨大利益而详尽地为他"讲解"具体的操作方法。但是，稻盛坚持"只有自己辛苦赚取的钱财才是真正的利益"，拒绝了所有关于投资的建议，当然，也将轻而易举就能得到的利益拒之门外了。

后来，当泡沫完全破灭之时，经济一落千丈，很多曾经财迷心窍、将大半身家都投进房地产的企业，损失惨重，有的甚至再无翻身的机会。

面对利益的诱惑时，能够坚持正确的原则和信念，就能够保持清醒的头脑，做出正确的判断。不管遇到什么事，都一定要坚持原则。眼前的损失是暂时的，如果坚持了自己的原则和信念，那么，更美好的未来就会在等待着我们。

员工之"行"

为了坚持原则和信念可能会让我们暂时受到损失，但是如果被利益诱惑、被困难吓倒，放弃了应该走的正确的路，那么后来选择的那条"捷径"很可能将我们带入万劫不复的深渊。

1999 年阿里巴巴创建时，马云经过认真考虑，认为推动中国经济高速发展的是中小企业和民营经济，所以，阿里巴巴应该帮助那些真正需要帮助的企业，这是马云最早的构思。

马云说他不知道以后的阿里巴巴是什么样子，但是在未来的三到五年，他仍然会围绕电子商务发展自己的公司，阿里巴巴绝对不会离开这个中心。

雅虎中国区总裁表示："B2B 这种模式在中国的发展之初并不

被看好，很多人对于它的发展前景表示质疑，马云能够坚持下来，阿里巴巴能够坚持下来，并且做成了规模上了市，马云的专注还是值得学习的。"

当你全心全意地做一件事时，你工作的效率就会节节攀升。成功不是偶然的，有些看起来很偶然的成功，实际上我们看到的只是表象，一个人如果想要成功，就必须具备一种锲而不舍的精神，一种坚持到底的信念，一种脚踏实地的态度，一种发自内心的责任心。

大胆敏锐,勇于尝试

稻盛之"道"

尝试需要有自信心,因为每当开始做一件事情,我们都不可能知道面临的困难有多大,会有多少始料未及的事情发生,这就需要有很强的自信心,相信自己有能力克服困难,战胜挫折。

创立京瓷公司之初,稻盛在陶瓷领域虽然是一位"门外汉",但在长期从事研究工作的过程中,稻盛多次感觉到"伟大之物"实实在在地存在,并且大胆尝试各种新产品研发。京瓷公司最初着手做的陶瓷叫作"精密陶瓷",就是尝试用计算机、手机等各种高科技产品的材料进行加工升级,在短暂的时间里成功地开发出的全新的材料。

稻盛先生从创立京瓷公司到首次接受订单,再到如今缔造两个世界 500 强企业,不是一时兴起的结果。稻盛先生年轻时在工作中遭遇多次不幸,他诅咒世道不公和自己命运之不济,抱怨自己是一个不走运的人,但是他最终没有放弃,持着坚强的意志和勇气,不断尝试新的挑战,大胆敏捷地探索新的陶瓷材料,通过无数次失败的考验,终于用自己独特的方法,首次在日本成功合成、开发了应用于电视机晶体管里电子枪上的精密陶瓷材料。

稻盛先生能取得如此成就,不仅仅是因为他有足够的工作热情和坚定的信心,也是因为他具有大胆敏锐、勇于尝试的勇气,接受一次次失败的考验,然后无数次地再次尝试。

员工之"行"

人的一生,很多时候更习惯于因循守旧,而不是大胆尝试,由此错失许多超越的机会和可能,而当我们置身于这样一个竞争激烈,又充满挑战的社会之中,固守常规的心态已无法适应社会的需求,所以不论何事,我们都需要一个大胆敏锐,勇于尝试的心态,跟自己挑战,努力追求更好的业绩。任何一个有成就的人,都有勇于尝试的经历。尝试也就是探索,没有探索就没有创新,没有创新就不会有成就。

成败得失并非关键,重要的是那份勇于尝试的精神,能够有助于你获得老板的认同。综观事业上取得成功的员工,他们一般都不是那种从常规去考虑问题的人,而是能够站在创新的立场上,考虑各种问题的人。

去尝试做一些事情,从而把一切变得更美妙、更有效、更方便。喜剧表演家卓别林在他的自传中写道:"要记住,历史上所有伟大的成就,都是由于战胜了看来是不可能的事情而取得的。"21

世纪是一个充满机遇和挑战的社会，是一个需要人们不断开拓创新的社会，也是一个要想成功必须冒险的社会。只有敢于探索、敢于尝试的人，才能享受真正的激情人生。

第十二章
越成功越要谦恭行事

很多人在获得一点成就之后就沾沾自喜、自以为了不起，渐渐地就忘记了克制自我，还不时涌起放纵自我的念头，甚至忘乎所以，不知不觉已开始走了下坡路。

才识与诚心合二为一

稻盛之"道"

稻盛先生认为，一颗至真至诚之心对人来说最为重要。"诚"是所有道德的根本，不诚无以为善，不诚无以为君子。搞研究做学问如果没有诚心，那么就难以探求到真正的道理，所学知识也容易流于表面；做事情没有诚心，多半也成功不了；不以诚心对待他人，到最后也难以获得他人的真心，可能还会遭人埋怨；不以诚心对待自己，就等于自己放弃了对自己的忠心，自己欺骗自己。

稻盛先生非常认同日本著名政治家西乡隆盛的一些观点。西乡在遗训中说过："今之人以为，才识具则事业随心成。然任才为事，其危可见矣。有体方行用。"用现在的话说就是：当今之人误以为，只要具备足够的才能和学识就能使事业按照自己的心愿达成。然而，恃才傲物将使人陷于危机之中。唯有用一颗诚心去做事情方可成功。

西乡并非看轻了才能和学识的作用，只不过急功近利、唯才是论的人，若没有一颗至诚之心，就算已经取得了一定的成绩，在以后的路上也很难一帆风顺。西乡生活在 19 世纪，他所说的"今之人"当然是指那时候的人们；但是这个道理对于 21 世纪的我们来说也同样适用。

员工之"行"

《复彭方伯书》中写道："夫天下非诚不动，非才不治。诚之至者，其动也速。才之周者，其治也广。才与诚合，然后事可成。"才能学识让人有能力去做更多的事情，而诚心可以打动别人、感动上苍，能够使事情顺利进行，将这两者结合在一起，那么万事皆可成。

如果员工没有一颗至诚之心，就算工作中已经取得了一定的成绩，在以后的路上也很难一帆风顺。

从一个小小的麻辣烫店发展到年营业额上亿元的"海底捞"火锅，海底捞凭借的不但是领导者的过人能力，更重要的是全体职工的真诚。顾客在餐饮商家消费的不仅仅是美味的食品，更重要的还有服务。海底捞至真至诚的服务比它好吃的火锅更有名。每隔 15 分钟就更换的热毛巾，卫生间里的牙膏、牙刷、护肤品，餐后的薄荷口香糖……从更多的小细节里，我们都能感受到海底捞给予顾客的真诚服务。真心实意地去为顾客着想，细致地考虑顾客的需要，真诚地去回应每一个细小的需求，这就是海底捞全体职工的责任。

　　才干、能力、学识，这些都是我们缔造事业大厦必不可少的
建材；若是员工们有诚心作为坚固的基石，那么事业大厦一定能
够屹立不倒。

克己成，纵己败

稻盛之"道"

稻盛先生非常认同一个观点："凡人皆以克己成，以纵己败。"这里的"己"，指的是在欲望面前俯首称臣的自己，指的是忘记了自律、自诚的自己。

稻盛和夫有一位良师益友，名叫青山政次。稻盛和夫大学毕业后在京都松风工业电瓷瓶制造厂任职，那时，青山是他的上司。后来，稻盛辞去松风的工作自主创业，创办了京瓷公司，青山和他一起离开了松风，加入京瓷的创业之中。

一次去外地销售产品的机会，青山给稻盛讲了松风嘉定的故事。

"松风公司的创办人松风嘉定是一个经营高手，他将京都陶瓷文化提升为闻名于世的技术，他把高压绝缘电瓷瓶销售给电力公司，扩大了公司的规模。战时，松风嘉定又成功开发出陶瓷滤水瓶，解决了军队的饮水问题。

松风的事业如日中天，他急切地想要趁势继续扩大公司规模。禁不住别人的诱惑，买下了一座矿山。结果上当受骗，挖来挖去，什么也没挖到。松风的事业就此急转直下，直到去世的时候还身欠巨款……"

青山年纪同稻盛的父亲一般大，这一番话，语重心长，前车之鉴、后事之师，督促稻盛引以为戒。稻盛将这番道理记在心间，虽然之后仍然积极拓展事业、扩大规模，却未见急功近利、铤而走险之举，使京瓷公司在平稳之中慢慢壮大起来。

正如稻盛所言："人如果战胜了自己，不论是工作还是生活都将一帆风顺。"综观我们周围的人，在创业之初，多数人都能够克制自己不好的念头，比如懒惰、懈怠、怯懦，勤于律己、谨小慎微，十之八九都能取得不错的成绩；但是，能保持现有成果并一直发展下去的却为数甚少。是什么原因呢？稻盛认为，很多人在获得一点成就之后就沾沾自喜、自以为了不起，渐渐地就忘记了克制自我，还不时涌起放纵自我的念头，甚至忘乎所以，不知不觉已开始走了下坡路。

员工之"行"

每个人最大的敌人就是他自己，只有战胜自己才能战胜一切。但是，想要打败"自己"这个敌人又谈何容易。人是血肉之躯，欲望扎根在人的本性之中；人一旦疏于自律，心中就会涌起无穷的欲望，而过度的欲望只会让人陷入烦恼的泥沼当中，欲望无穷，烦恼不尽。在这个物欲横流的社会中，如果每个人都能克制自己过度的、不该有的欲望，那么一切纷争和问题都将迎刃而解。

杰瑞·莱斯是家喻户晓的美式足球明星。他天赋异禀，然而仅凭着天赋并不足以铸就传奇，杰瑞·莱斯的成功有着一个更重要的原因，那就是严于律己、不断挑战和战胜自我。美国职业足球联盟明星凯文·史密斯评价他说："他的确天赋过人，然而他的努力更是凌驾于他人之上，这正是好球员与传奇性球员的分别。"

人最大的胜利就是战胜自我，坚持自律、自制，不随意放纵自己，从而养成良好的习惯，坚持正确的道路，收获精彩的人生。

我为人人，人人为我

稻盛之"道"

稻盛认为，事业发展的目标不能只是为了自身的利益，更多的是为社会做出贡献。企业的根本使命是给消费者提供高质量的产品和高水平的服务。仅凭借简单的合并并不能达到这个目标，为了唤起市场竞争机制从而给消费者和社会带来利益，合并后的新公司必须避免因争夺主导权而带来的精力分散和经营责任模糊，必须用最快的时间顺利开展业务，开始长期稳定的经营。

稻盛在主持第二电电公司（DDT）等三家公司合并过程中，他认为三家公司中，DDI 的业绩最好，经营基础最扎实，由 DDI 掌握主导权对新公司最为有利。并且，稻盛还建议合并之后，让日本移动通信公司（IDO）和国际电信电话公司（KDD）的第一大股东丰田公司作为仅次于京瓷公司的第二大股东。

稻盛将他的这些想法开诚布公地向各方做了说明，大家对他的方案都表示非常认同，三家公司合并重组后

成为新的第二电电公司（KDDI）。现在，KDDI 已经发
展成为仅次于日本电报电话公司（NTT）的日本第二大
通信公司。

如果稻盛不是一心想着为消费者创造利益，而只是想着自己
公司的利益，那么他就不能够促成这次合并的成功，DDI 在行业
巨头 NTT 的挤压之下，恐怕也难保稳定的生存。为着他人和社会
的利益去努力，最终也会成就自己。"我为人人，人人为我"讲
的就是这个道理。

员工之"行"

得道之人把自己放在后面，反而能领先；把自己置之度外，
反而能保全自己。员工在工作中也应该秉持这样的观念，力求达
到"己欲立而立人，己欲达而达人"的境界。

"帮助别人，别人快乐，我也会快乐起来。"利人利己者把生
活看作一个合作的舞台，而不是一个角斗场。其实，世界之大，
人人都有足够的立足空间，他人之得不必视为一己之失。员工坚
持如此才能拓展自己的职业格局，寻求更多的合作，达到共赢。

勿把人当对手，而与天常相对

稻盛之"道"

在稻盛先生看来，所谓与天常相对，就是指人生在世，事事顺应自然，如果事事强求硬索，千般计较，那么心也就不会平淡下来。与天常相对，能够保持一颗平常心态，则宠辱不惊，处变不惊，也不再患得患失，心境不为浮华所扰，不为误解所困。

稻盛先生认为，活着就是一种最基本的享受。但生活中，很多人却超越了这种最简单的定义，让活着成为一种累赘。其实褪掉那层华丽的外衣，人还是一个简单的人，人不能因为一个华丽的外衣而变得超越一切，凌驾于一切之上。之所以我们都痛恨这些人、这些事，就是因为我们每个人心中都有一个关于活着最基本的定义，任何超越它、诋毁它、凌驾于它之上的，我们生命的那条底线都会被深深地触动。

稻盛先生在创立京瓷以及在以后企业的发展中，一直是以宽大的胸怀理解体谅下属，以"利他"之心处世并且经营他的企业。他的成就不是以损害对手的利益而取得的，而是以与天常相对的平常的心态。人们敬仰他，不仅是因为他做出的成就，还因为他与世无争、淡泊名利的生活观念，也就是与天常相对的生活方式。

员工之"行"

报复会把一个好端端的人驱向疯狂的边缘，使他的心灵不能得到片刻安宁。唯有宽容，才能抚慰人暴躁的心绪，弥补不幸对你的伤害，让你不再纠缠于心灵毒蛇的咬噬中，从而获得自由。

我们享受着太阳的恩赐，享受着自然的风风雨雨。每一个生命的契机都是那么的难能可贵，我们有权为我们自己的生命争取一些"辉煌和灿烂"，我们同样也应该为那些和我们共存的生命留一些温暖和光明。

在工作中，员工勿把别人当对手，而应与天常相对，留一些友爱和关心给身边的同事。等有一天我们都能在心里把"别人当成我们自己"的时候，就接近与天常相对了，到时候我们的职场真的到处都是"阳光灿烂，温暖如春"了。

未雨绸缪才可成事

稻盛之"道"

安于现状，事到临头趁势而动，没有长远的计划与提前的准
备，我们就会变得苟安，就会退步。

稻盛先生曾经指出，事到临头趁势而动，事业难持
久。一个经营者或是领导者要想让自己的企业或是团队
不断向前发展、不断壮大，就得学会提前准备，要做长
远的计划、打算，不能事到临头，才采取措施。

在事业的提升中，不管是执行计划，还是在追求理想的过程
中，我们一定要具备长远的眼光和早做准备的行动，以便进行深
刻的思考和磨砺，从中获得一些创新的想法。在这个准备过程
中，我们也能及时发现问题，及时解决问题。每一个问题分开解
决，一次追踪一个问题，就能很快找到问题的根源，也就能以最
简洁的方式解决问题。

员工之"行"

做事要懂得规划，要学会早做准备，谋划明天。明天是未来时，是希望。在世一天，就有一个明天。要在以往经验教训基础上，主动做好工作。

近代史上，有一群人特别成功，那就是第二次世界大战中，曾被囚禁于纳粹集中营而幸存的人。赫姆瑞可博士在一本著作中，拿这群人和战前即迁居美国的同龄犹太人做比较，结果发现，平均而言，这批幸存者的教育程度较低，但日后的事业成就较大，收入较高，较热心从事社会服务工作。赫姆瑞可探究原因，发现这些历经苦难折磨，却颇有成就的人，具有若干共同特质，其中最重要的两点是：随时准备主动展开新任务，且能针对环境变化，随时进行调整与调适。

查斯特·菲尔德爵士认为在制定目标的时候一定要保持一定的灵活性，以备我们在执行过程中不断地修正与调整。你将发现，如果你立下的目标更加灵活，那么一些美妙的事情就开始发生，你会觉得更放松，但你不会损失任何生产力。你甚至可能会更加多产，因为你不必花费太多的精力在焦虑和烦恼上。你已学会相信你会遵守最后期限，达到绝大部分的目标，并且完成你的责任——尽管事实是你可能必须轻微地改动你的计划（或甚至是完全地变更）。最后，你周围的人也会觉得更加轻松。如果万一你的计划必须要改动，他们也不会感觉像如履薄冰一样。

早谋划，早准备。不管做什么工作，制订一个详细的工作计划都是非常重要的，它可以帮你把工作的细节不断地量化。只有进行周密的计划，人们才能对工作中的细节有所准备，才能在碰到各种各样的细节问题时不慌不乱；只有进行周密的计划，你才能很明确自己该做什么工作，应该怎样去做。如果计划不能把每一个细节进行量化，计划就不可能达到目的。

第十三章
活着就要以心思善

一颗心只有充满爱，才
能焕发出明亮的光，在温暖
他人的同时，也能照亮自己
的世界。

正道是单纯且强有力的信念

稻盛之"道"

稻盛先生曾经说过："如果要寻求我成功的理由，也许我的才能存在不足，但我有一条单纯而坚强的追求人间正道的指针。"

人们为名为利忙碌着竞争着，有泪有歌，有哭有笑。到处是紧张，担心，皱眉，活得很累，很郁闷。对名利的过分追逐，往往会使人失掉善良的本性，变得唯利是图，唯名是图，为了名利不顾一切。

稻盛先生一直坚持着一种单纯且强有力的信念——追求人间正道的做人准则，竭尽全力、真挚、认真地活着。世上千人千面，各有各的活法。人生单纯而又复杂，经受不住利益的诱惑的人，往往会走上失败的路，最后变得无法挽回。

时间能磨灭人的躯体，但磨灭不了人的智慧和灵魂。在这短暂的一生中，要使自己的人格更加丰满，应该有一个正确的目标，在正确的价值观念的引导下，使我们一步步将目标实现，追求真诚、善良与道德。舞动自己的青春，浇灌爱人的心田，感染朋友的情绪。用感悟和感恩装点自己的人生，让我们把年轻的意义看得更加广义和广泛，即使我们在慢慢变老，即使有一天我们都会逝去，也一定要潇洒地在这个世间好好地走一回。

员工之"行"

有一句话是这样说的："做企业如同做人。"从长远利益来看，企业只有真正遵循市场竞争的规律，固守道德和法律的底线，洁身自好、阳光营销，自觉抵触非法的、违反道德的营销手段，才能获得健康的、持久的发展，才能走向成功。

一个企业的领导不仅需要具备优秀的领导才能和管理才能，还需要具备优秀的人格，具有无私的精神，有为全体员工谋福利、为社会创造价值的奉献精神，这样的领导者才会使一个企业健康地发展下去。

需要磨砺、提高心智的不仅仅是领导。任何人都需要将心智朝好的方向提高，不仅要做一个有能力的人，还要做一个有人格的人；不仅要做一个聪明的人，还要做一个正确的人。可以说，这就是人生的目的、人生本来的意义。

在经营之道中，秉持人间正道是发展的不可或缺的因素。同时，在日常生活中，坚持正道才能赢得所有人的尊敬，才能让我们的生活更加温馨和富有活力。

懂得感恩为"君子之心"

稻盛之"道"

现代人脚步匆匆，流连世俗，恋于个人的享受和索取，大多轻视或忘却了感谢。难道含而不露就是深沉？难道默然麻木就是傲然？芸芸众生，无论是伟大还是渺小，悄然混同于陌路，使本应盈满感谢馨香的时节散发出久雨的霉气。

在稻盛先生看来，活着，就要感谢。有了这样一颗能感受幸福的心，才能活得更加滋润，让自己的人生更加丰富。这是做人做事应该有的基本心态。

稻盛的父亲出生在偏僻的山村深处，那儿住着稻盛的几位亲戚，他们偷着信佛。在明治时期，"废佛毁释"的政策使佛教受到了镇压，他们将佛龛和佛像藏在山里一家偏僻的房子的壁橱里。

稻盛的父亲曾带他去过那位亲戚的家，按照从前的传统，他们提着一盏灯笼，步履艰难地走在漆黑的山路上。最后，终于来到了深山里一间破旧的房子面前。进去一看，那里坐着一位和尚打扮的人，在念佛诵经。在他的身后，站着五个双手合十的孩子，他们都是小学生。

那位和尚对稻盛的父亲说："这孩子没问题，以后不用再来了。"说完后，他又面对着稻盛，说："孩子，今生今世，只要你还活着，你就要念诵'南曼、南曼，谢谢'。每天向佛陀表示感谢，绝对不能忘记呀。"

念佛时吟诵的"南无阿弥陀佛"，用鹿儿岛方言说就是"南曼、南曼"。然后，那和尚又朝向稻盛的父亲说道："如果这个孩子能照我的嘱咐去做，他的人生会很顺畅。"最后，他用眼神示意他们，"你们可以回去了。"直到现在，当时的情景依然历历在目。

稻盛照着那位和尚的嘱咐做，一直坚持到今天，从不间断。

稻盛认为，社会的良性运行是人与人间互相关爱的结果。每个人都必须依靠其他人的贡献才能生活，因此每个人都应怀着一颗感恩的心，发现别人的美好，向他人给予关爱。如此，整个社会才能更加和谐。

员工之"行"

我们要学会感谢周围的一切，这是理所当然的，因为我们不可能单身一人活在这世上。空气、水、食品，还有家庭成员、单位同事，还有社会，我们每个人都在周围环境的支持下才能生存。这样想来，只要我们能健康地活着，就该自然地生出感谢之心，有了感谢之心，我们就能感受到人生的幸福。

"谢谢"这个词能在你周围制造出一种和谐的氛围，它能将你带进一个高尚的境界，也能给周围的人带来好心情。当你在公交车上给老人让座时，那位老人会弯腰道谢说："谢谢，太感谢了！"这时，给他让座的我们也会感到心情愉悦。看到这样的情景，周围的人也会面露微笑。善意传染给了周围的人，善意还将循环下去。

感谢是一种财富。我们要牢牢把握住这种财富，并让它绽放出最耀眼的光芒。这是精神上的财富，是人生中不可缺少的重要财富，它能让我们在今天即将结束时，同时用良好的心态面对明天即到的挑战。

感谢是一种魅力。它以一种独特的方式向世人展现出人性中最闪耀的一面，它还能感染我们身边每一个人。它是民族的瑰宝，永垂不朽。它是一颗最大克拉的钻石，永远闪闪发光。让我们铭记稻盛先生的话：感谢今日，振作明日，用感恩的心面对世界。

敬天爱人，过有意义的人生

稻盛之"道"

稻盛先生这样教导日本企业界：我们在经营中小企业，许多人认为我们的事业没什么了不起。但是，不管是 5 人也好，10 人也好，我们都有员工，员工又都有家属，保护员工及其家属的生活是我们的责任。经营者必须追求利润，为此，人们往往认为没有贪欲之心，做不到冷酷无情，就无法经营企业。然而，这是错误的。恰恰相反，如果没有同情和关爱之心，缺乏美好的心灵，经营则无法顺利进行。所以为了经营好企业，经营者必须提升自己的人格。

稻盛这样解释"敬天爱人"的理念：敬天爱人，直接的解释即敬畏上天，关爱众人。"敬天"，就是要敬重人类赖以生存和工作的大自然和社会，并自觉地遵从天理、公理；"爱人"就是要对社会和他人抱有真诚的关爱、帮助之心并付之行动。这里的"人"，不仅指本企业的员工、顾客，也泛指社会上的普通人。

"敬天爱人"是稻盛先生所创办的京瓷的核心价值，是他一直不断实践化和行动化的理念，这不仅是在事业的经营上需要的，也是一个来到世间的人应该努力具备的品格。

员工之"行"

"敬天爱人"即知天道，明义利，要让人常怀利他之心。利他之心非常重要，要经常思考"作为人，何谓正确"，在做决策的时候，要扪心自问：自己是否"动机至善，私心了无"。人们要学会知足，利他，这是真正的"敬天爱人"。

这四个字包含的意义太深，太广，是日常生活中所说的关爱他人、互相帮助等充满爱心和感恩之心等思想高度的浓缩。对于一个普通人来说，做到敬天爱人其实并不难，最根本的就是从自己的内心出发，倾听内心最深处最真诚的声音，使自己度过一个有价值的人生。

"敬天爱人"应该是人生应该有的心态。学会关心他人，为他人着想，也是一个人想要获得幸福的人生所需要的。一颗心只有充满爱，才能焕发出明亮的光，在温暖他人的同时，也能照亮自己的世界。

平静的内心决定事情发展的方向

稻盛之"道"

时间在流逝，青春也从我们身边溜走。世间有很多美好的东西，但真正属于自己的并不多。喜欢幻想着自己梦想成真，喜欢幻想着那种种属于自己的欢乐，生活却常不如己愿。在人生的路途中，有笑，也有泪，有得到，也有失去，在这样的此起彼伏之中，我们在生命的长河中流淌。

稻盛先生曾这样说过："我们该保持一颗本然的心。若是让私欲出来兴风作浪，原本简单的问题也就会弄得复杂难解。"用平静的心态对待事物，才能够看清事物，正确地了解事情的发展方向，这样才能够做出正确的决断。

华盛顿一家百货公司专门开设了一个柜台受理顾客们的投诉，很多女士排着长队，争着向柜台后的那位小姐诉说自己受到的不公平待遇以及对公司服务的诸多不满。其中很多顾客说话粗暴、蛮横无理。但柜台后的这位小姐一直微笑着接待这些愤怒的顾客。她优雅而又从容，微笑着告诉这些顾客应该找公司的哪个部门解决问题。她的亲切和随和，很好地安抚了这些妇女的不满情绪。通过观察，我发现她的身后站着另外一个女郎，不断地在纸条上写着什么，然后把写好了的纸条递给她。原来纸条上写的就是这些妇女抱怨的内容，但是，省略了她们尖酸刻薄的言语。

后来才知道，这位一直微笑着的小姐是个聋人，后面的人是她的助手。出于好奇，记者去拜访了百货公司的经理。经理说，这个接待顾客投诉的岗位曾经有很多人尝试过，即使他告诉过她们应该怎么做，但一直没有人能够胜任。只有这个耳聋的员工才有足够的"自制力"来出色地完成这个艰巨的任务。

我们都知道，当沸腾的血液在我们狂热的大脑中奔涌时，控制自己的思想和言语是多么的困难。但我们更清楚，成为自己情绪的奴隶是多么危险和可悲。这不仅对工作与事业来说是非常有害的，而且还减少了效力，甚至还会对一个人的名誉和声望产生非常不利的影响。这个人也不得不承认，自己无法完全控制和主宰自己，自己不是自己的主人。

员工之"行"

人在面对各种挑战时，也许失败的原因，不是因为势力单薄，不是因为智能低下，也不是没有把整个局势分析透彻，而是把困难看得太清楚，分析得太透彻，考虑得太详尽，才会被困难吓倒，扰乱了自己原本平静的心态，内心变得焦躁起来，无法洞悉事情的变化，找到解决的方法。由此可知，一颗平静的心对我们至关重要。

一个内心清净的人，能给周围的人带来温暖，让周围的人倍感安全。一个内心清净的人，是平静但不是心如止水的。一个内心和谐的人是心态平衡的，他对生活心怀感激，看到朋友、亲人过得好会满心喜悦，看到周围的人过得不好会尽力安慰并予以帮助。

遇到困难时，切忌事事埋怨，或忧心非自己所能控制之事、成天愁眉苦脸，应该用平静的心态来面对，丢掉那些让心沉重的负担，现在的煎熬都是成长的必经之路，让自己更加成熟，更加能够承受生活。同时全心全意投入，以免让自己有任何后悔的余地。

稻盛先生曾说："我们应该用平常心来看待事情，即使这么做看起来对我们个人有所不利。如果发现自己错了，就该承认错误。只有用无私的眼光来看待事情，问题才会豁然开朗，突然出现简单的解决方式。但是，若我们首先抛不开自大的天性，双眼就会被欲望的云层蒙蔽，一味地追求快乐与奢华，真理还是难明。"

内心平和还要做到学会从他人的角度思考问题，这样更有利于解决问题。应该怀着悲悯的心来看待无理的人，因为他们可怜，还不知道善良，不知道文明，所以他们的内心一定是烦躁、不平静的，这时可以宽容、同情他们。遇到不公正的事情，要坚定地纠正别人的错误，隐忍只能使错误更多地产生。

　　生活中难免会遇到一些让我们感到力不从心的难题，这些考验好比平坦大道上的独木桥，如果我们在走过人生的独木桥时，能够忘记背景，忽略险恶，怀着一颗平静的心，专心走好自己脚下的路，我们也许能更快地到达目的地。